Sammlung Luchterhand 329

Todeszeichen
Freitod in Selbstzeugnissen

gesammelt und eingeleitet von Gabriele Dietze

Dokumentation von Mechthild Küpper

Luchterhand

Originalausgabe
Sammlung Luchterhand, September 1981
Lektorat: Klaus Roehler

Gesamtherstellung bei der
Druck- und Verlags-Gesellschaft mbH, Darmstadt
ISBN 3-472-61329-7

Inhalt

Richard Leising
Die Schüsse

1

Frankfurt Oder Wannsee
Wo steht Lützows wilde verwegene Schar
Die Wahrheit ist daß mir auf Erden
Nicht zu helfen war.

2

Von allen Worten die letzten.
Genosse Regierung
                    sei freundlich zu ihr
Ich will
          den bleiernen Schlußpunkt setzen
Rede, Genosse Mauser
                         Zu mir.

3

Vorbemerkung

Sie ahnt, daß es keinen Menschen gibt,
der nicht schon an seinen Tod gedacht hat
Unica Zürn

Selbstmord gehört wie Mord und Vergewaltigung zu den wenigen Überschreitungen »normalen« menschlichen Verhaltens, die in allen Epochen und Kulturen vorkommen. Es ist immer wieder versucht worden, diesen Skandal des Humanen durch Interpretation zu entschärfen und bestimmte Klassen, Gesellschaftsordnungen, Religionen oder Regierungen mitverantwortlich zu machen. Staaten mit hohem Legitimationsbedürfnis leugnen beispielsweise, daß in ihnen der Wunsch, sich selbst zu vernichten, in nennenswerter Zahl vorkomme; so veröffentlicht die DDR seit 1961 keine regelmäßigen Selbstmordstatistiken mehr. Aber auch anderswo sind Tabuisierungen, Verschweigen und Scham so groß, daß sich kein Einzelner davon freimachen, und von sich behaupten kann, »vorurteilslos« über Selbstmord nachzudenken. Bei der Zusammenstellung dieser Anthologie fragte ich mich, ob es ein frivoles, voyeuristisches Unternehmen sei, Zeichen Frei-Getöteter, Selbst-Ermordeter zu sammeln; ob eigene Grenzgänge nötig sind, wie sie Jean Améry oder Alfred Alvarez in ihren Essays über Selbstmord beschreiben; ob es zulässig sei, bei der Auswahl von Zeugnissen auch intellektuelle oder ästhetische Maßstäbe zu berücksichtigen.

Auf keine dieser Fragen weiß ich eine ausreichende Antwort. Sie weisen auf moralische Befangenheit hin, denen sich keiner entziehen kann, der den Schrecken der Lebenden spürt, wenn ein anderer Mensch aus eigenem Entschluß den Tod sucht. Der Suizidant kündigt ja eine soziale Gemeinschaft auf, die er nicht mehr als bergend erlebt hat. Die soziale Verbindlichkeit, ein Zusammenhang definiere sich oft erst nach der Tat, durch die Suche der Betroffenen nach Gründen, die sie von Schuld und Verantwortung entlasten könnten. Mit unverkennbarem Zynismus prophezeit Hertha Kräftner ein solches Verhalten ihrer zukünftigen Trauergemeinde: »Ich bin überzeugt, daß es keinen geben wird, dessen Trauer um mich so groß ist, daß die Frage nach dem Motiv in seinem Herzen keinen Platz findet.«[1] Dem zum Freitod Entschlossenen selbst ist die Asozialität seines Tuns bei all seinen Überlegungen das Unwichtigste. »Der Akt, der alle Bande bricht, der bricht die Treue auch und sie sehr nebenher«[2] schreibt Golo Mann über den Selbstmord seines Bruders Klaus.

Die Frage also, ob Suizid zu rechtfertigen sei, ist mehr ein Problem der Lebenden, Überlebenden: ein unwillkommenes Problem. In den Hochzeiten des Christlichen Abendlandes war die gesellschaftliche Haltung durch Religion, Gebot und Verbote eindeutig bestimmt. Da Gott den Menschen das Leben und eine unsterbliche Seele gegeben hat, hatte der Mensch kein Recht, dieses Leben nach eigenem Entschluß zu zerstören. Dem Selbstmörder wurde die Bestattung in geweihter Erde, die Totenmesse und das Recht, sein Vermögen zu vererben, verweigert. Erst Aufklärer wie Rousseau und Hume lösten den Selbstmord vom Makel der religiösen Verfemung und erkannten die Freiheit, sich das Leben zu nehmen, als unveräußerliches Naturrecht an. Rousseau schreibt: »Sein Wohlsein zu suchen und sein Übelbefinden zu meiden, ist, solange kein anderer gekränkt wird, ein natürliches Recht. Wenn unser Leben ein Übel für uns und für Niemand ein Gut ist, ist es daher erlaubt, sich seiner zu entledigen.«[3]

Die Aufklärung hat das Problem des Selbstmordes aus der religösen Sphäre genommen, verweltlicht, doch das hat nichts an dem Unwillen der Lebenden ändern können, sich der Herausforderung zu stellen. Die Gemeinschaft hat weiterhin das Bedürfnis, Verantwortlichkeit zu delegieren, aufzukündigen. In einer modernen »Encyclopedia of Religion and Ethics« formulieren die vormals zuständigen Theologen und Moralphilosophen: »Der vielleicht bedeutendste Beitrag der modernen Zeiten zur vernünftigen Betrachtung des Gegenstandes ist die Überlegung, [. . .] daß viele Selbstmorde nicht moralischer Natur, sondern ausschließlich Sache des Spezialisten für Geisteskrankheiten sind.«[4] Unverkennbar die Erleichterung der Spezialisten für Religion und Ethik. Klaglos, fast begierig, haben sich die aufgerufenen Fachleute der ihnen zugewiesenen Aufgabe angenommen. Sie bekämpfen die »Krankheit mit dem Tode« mit oft tödlichen Mitteln: »Dann bog sich etwas herunter und griff mich und schüttelte mich wie das Ende der Welt. Wiiiii schrillte es durch die berstende Luft in blauem Licht, und mit jenem Blitz fuhr ein riesiger Schlag auf mich nieder, daß ich glaubte, meine Knochen würden brechen und der Saft würde aus mir herausjagen wie aus einer aufgeschlitzten Pflanze. Was hatte ich nur Furchtbares getan?«[5] fragte die amerikanische Dichterin Sylvia Plath nach einer Elektroschockbehandlung, die sie von ihrer »Suicidneigung« heilen sollte und statt dessen einen wirklich ernsthaften Selbstmordversuch zur Folge hatte, um eben dieser Behandlung auszuweichen.

Neben Elektrotherapie werden immer noch in Lehrbüchern jüngeren Datums auch Insulinschockbehandlung und Gehirnchirurgie wie z. B. Lobothomie als geeignete Kuren anempfohlen.[6] Diese tödliche Absurdität bekommt eine weitere Facette, wenn man weiß, daß Psychiater selbst von allen akademischen Berufsgruppen die höchste Selbstmordrate haben. Einer der sehr wenigen Vertreter dieser Zunft, der gegen die zwangsweise Behandlung und Einschließung selbstmordwilliger Menschen das Wort erhebt, Thomas Szasz, schreibt über das Verhältnis Arzt-Patient unter diesen Bedingungen: »Der Patient – letztendlich sagend, was er will – erstrebt die Kontrolle über Tod und Leben. Der Psychiater – absolut unaufrichtig darin, was er will – behauptet, daß er nur dem Patienten helfen will, während er in Wirklichkeit

die Kontrolle über das Leben des Patienten anstrebt, um sich selbst vor Zweifeln über den Wert seines eigenen Lebens zu bewahren. [...] Selbstmord ist eine medzinische Häresie. Zwang und Elektroschock sind die angemessenen inquisitorischen Mittel dagegen.«[7]
Juristische Mittel zur Freiheitsberaubung erhält die moderne Psychiatrie von den Rechtswissenschaften. Noch keine 250 Jahre nach den bahnbrechenden Gedanken von Rousseau und Hume finden sich in einer führenden amerikanischen Juristenzeitschrift solche Sätze: »Niemand würde behaupten, daß Selbstmord ein Menschenrecht sei! Niemand würde behaupten, daß es Menschen erlaubt sei, sich umzubringen, wenn sie mögen, ohne irgendeinen Versuch, zu intervenieren oder einen solchen Selbstmord zu verhindern. Sogar, wenn die betreffende Person ihr eigenes Leben nicht wertschätzt. Westliche Gesellschaften wertschätzen jedermanns Leben.«[8]
Selbst wenn man davon absehen könnte, daß Rüstung und Selbstzerstörung westlicher Gesellschaften jenen Ausführungen hohnsprechen, so kann – weitergedacht – doch nur gemeint sein: »Wenn auf jede erdenkliche Weise der Tod verhindert werden soll, dann ist das wirkliche Mittel gegen Suicid natürlich Liberticid (Ermordnung der Freiheit).«[9]
Eine umfassende Kontrolle über alle menschlichen Lebens- und Todesäußerung wird angestrebt. Immer mehr Nischen nicht vorgeprägter Selbstäußerung verschwinden.
Der Prozeß der Totalisierung unserer Gesellschaften zeigt sich am deutlichsten an ihrer größten Herausforderung, dem Tod. Das betrifft die Unbarmherzigkeit der Verfolgung des selbstgewählten Todes ebenso wie die Ausgrenzung des sogenannten »natürlichen« Todes. Philippe Ariès[10] hat untersucht, wie entsetzlich unwürdig das Sterben durch die Berührungsscheu moderner Gesellschaften vor dem Tod geworden ist: vom *gezähmten Tod* in den Epen und Mythen, deren Helden ihn nahen fühlen und willkommen hießen, über den *eigenen Tod* im Hochmittelalter, der aus der vertrauten Nähe des Sterbenden zu seinem Ableben ein

soziales Ereignis des Ordnens und Abschiednehmens machte. Der *Tod des Anderen* seit Beginn des 18. Jahrhunderts rückte, den Schmerz der Trauernden, die Gefühle der Überlebenden mehr in den Mittelpunkt des Ereignisses. Seit dem 20. Jahrhundert aber sind wir Zeugen einer »brutalen Revolution« (Ariès), die den Sterbenden in Krankenhäuser entrückt, sie vor Kindern verbirgt und an sterile Maschinen ausliefert. Der *verbotene Tod* wird an Spezialisten überantwortet.

Das zunehmende Verdrängungs- und Ausgrenzungsbedürfnis gegenüber dem Tod und Selbstmord hat zur Folge, daß der Skandal Freitod zum Gegenstand heftigster Forschungsbemühungen gemacht wird. In den letzten 15 Jahren ist die Masse der Publikationen unübersehbar geworden. Ein eigener Forschungszweig innerhalb der Sozialwissenschaften – eine Suizidologie – hat sich etabliert. Sie wird sowohl in den Vereinigten Staaten wie auch in Europa sehr gut gefüttert mit öffentlichen Forschungsmitteln: Freitod fordert auch sogenannte »freie« Gesellschaften heraus und stellt sie vor Legitimationsprobleme. Es scheint die Hoffnung zu bestehen, daß das Ärgernis sich aus der Welt schaffen ließe, wenn es nur richtig erforscht sei.

Die einfachste Art, dem Problem auf wissenschaftliche Weise zu Leibe zu rücken, ist der Versuch, den Selbstmörder für außer sich, für verrückt zu erklären. Das rechtfertigt auch die Anwendung des Schreckensarsenals der konventionellen Psychiatrie. Ein international berühmter Suizidologe, der Amerikaner Edwin S. Shneidman, hat dafür eine knappe Formel: »Menschen, die sich umbringen, halten den Feind für den Freund, sie sind Verräter an der Vernunft. [. . .] Suizidale Individuen sind einer Art Gehirnwäsche unterworfen durch ihre eigenen Gedanken.«[11] Forscher, die Willen und Verstand der Suizidanten ernster nehmen, befassen sich mit Selbstäußerungen Freigetöteter, z. B. mit Abschiedsbriefen, um Aufschlüsse über die Mannigfaltigkeit der Motive zu bekommen. Nach jahrelanger Untersuchung und Sammlung schreibt einer von ihnen enttäuscht: »Übersieht man all unsere Fälle, so resultiert als Gesamteindruck das Erstaunen über die Banalität der Gründe und über die Leichtfertigkeit des Entschlusses zum Selbstmord. [. . .] Es tun sich nicht die Abgründe und tragischen Klüfte menschlichen Seelenlebens auf, sondern es offenbaren sich die banalen Unzulänglichkeiten.« [12]

Auch in dieser Sammlung atmet nicht aus jeder Zeile tiefe Tragik. Aber ist es wirklich die Wahrheit, wenn Tucholsky über seine Freitodgründe schreibt: »Mir fehlt nichts Wichtiges, nichts Schweres – es ist eine Reihe kleiner Störungen, die mir die Arbeit unmöglich machen.« [13] Oder die noch beiläufigeren Bemerkungen des japanischen Dichters Akutagawa, dem ein »vages Angstgefühl« gegenüber der Zukunft Grund genug war, sein Leben zu beenden.

Doch wer sich nur an den vielleicht »schlechten« Gründen stört, übersieht die Radikalität des Aktes selbst. Dem Forscher widerstehen wahrscheinlich weniger die Banalität der Begründungen als vielmehr die daraus folgende Nichthandhabbarkeit. Keines der angeführten Motive führt notwendigerweise zum Selbstmord bei einem anderen Menschen. Gesetzmäßigkeiten lassen sich nicht ableiten. »Was als Sinn des Lebens bezeichnet wird, gibt auch einen vortrefflichen Grund zum Sterben ab,« [14] schreibt Camus im »Mythos von Sisyphos« und benennt damit Absurdität, aber auch das anarchische Moment des Freitodes.

Deutlich kann das einer erkennen, der den Selbstmord aus weltanschaulichen Gründen ablehnen muß wie der christliche Dichter Reinhold Schneider: »Der Selbstmord ist das sichere Zeichen der Verwirrung aller Ordnungen, die Sünde, die Empörung selbst.« [15]

Am leichtesten werden wir beruhigt über die Herausforderung, daß ein Mensch nicht mehr leben will, wenn er eine humane, würdige, hochethische Begründung anführen kann. Der tragische Konflikt Jochen Kleppers und dessen Lösung durch den Freitod ist allgemein einsichtig. Vor die Wahl gestellt, die Treue gegenüber seiner jüdischen Frau und Tochter zu brechen, oder sich gegen das christliche Verbot des Selbstmordes zu versündigen, blieb ihm nur ein menschenwürdiger Ausweg. Leichteren Herzens liest man auch Freuds Bitte an seinen Arzt um Sterbehilfe, Virginia Woolfs Weigerung, sich dem Schrecken der Geisteskrankheit noch einmal auszusetzen, oder auch Tucholskys und Zweigs Selbstaufgabe nach langjährigem Exil, obwohl beider Sicherheit und Auskommen gewährleistet war – eine Bedingung, die auf Walter Benjamin nicht zutrifft. Er brachte sich im Internierungslager aus Angst vor einer Auslieferung an die Nazis um. Weil in seiner Person alle Schrecknisse des Exils zusammengefaßt sind und keine Selbstäußerungen aufgefunden werden konnten, ist als eine Ausnahme von der Regel, nur primäre Texte aufzunehmen, ein nachrufendes Gedicht von Bert Brecht zitiert.

Eine Art erschreckter Bewunderung brachte ich den »politischen« Selbstvernichtungsakten entgegen: Majakowskis trotzigem Abschiedsgedicht oder der Abschiedsbotschaft des Trotzkisten Joffe, der sich mit seinem Freitod stalinistischer Willkürjustiz entzog. Auch Paul Lafargues Testament schien in die ruhigen Gefilde ethisch unanstößiger Begründungen zu passen, bis ich mich fragte, warum Laura Lafargue kein Testament hinterlassen habe, ob vielleicht Marxens Schwiegersohn seine Frau gegen deren Willen mit in den Tod genommen habe wie der französische Literat Jaques Vaché seinen Freund. »Ich werde sterben, wann es mir paßt«, schrieb er, »doch werde ich mit jemanden zusammen sterben. Allein zu sterben ist langweilig. Am liebsten mit meinem besten Freunde.«[16] Neben Jaques Vaché fand man die Leiche eines Freundes, gestorben am gleichen Gift.

Unsere Berührungsscheu, Scham und Angst vor dem Freitod kommen, so scheint mir, aus zwei gegensätzlichen Bereichen: einem egoistischen und einem sozialen. Es gibt ein Zurückweichen vor großer emotionaler Todesnähe und Todessehnsucht, z. B. vor Klaus Manns oder Sylvia Plaths

Umwerben des Freitods. Ihre fast sinnliche, libidinöse Annäherung an ihren letzten Entschluß läßt uns zurückscheuen wie vor einer Obszönität. Wir fühlen eine Provokation der eigenen Lebensenergie, Liebesenergie, der verleugneten Sehnsüchte. Liest man z. B. Aragons Haßausbruch gegen die Todessehnsüchte – vielleicht auch Koketterien – einiger Surrealisten, weist das mehr auf Abwehr eines inneren Feindes hin, als auf sachlich begründete Gegnerschaft: »Bringt euch um, oder bringt euch nicht um! Aber hört endlich auf, die Welt mit den lahmen schleimigen Schneckenspuren eurer endlosen Krankheit zum Tode zu überziehn, mit euren vorweggenommenen Kadavern zu verpesten. Laßt bloß den Revolergriff nicht mehr länger angeberisch aus der Rocktasche schauen, das reizt uns, da können wir nicht mehr an uns halten, müssen euch unfehlbar in den Arsch treten. Euer exaltiertes Gejammere und Geseufz ist ein Hohn, eine Beleidigung für jeden, der die Courage hat, sich wirklich umzubringen.«[17] Die amerikanische Lyrikerin Anne Sexton z. B. hat drei Lyrikbände veröffentlicht, die ausschließlich von ihrem Todeswunsch handeln, bis sie den Wunsch in die Tat umsetzte. Die Häme des Publikums gegenüber dem Todeswilligen, der an der Balkonbrüstung steht – »Spring doch schon!« – ist hier verführerisch naheliegend.

Der andere Scham – und Widerstandsbereich kommt aus der sozialen Verantwortung. Er betrifft Menschen, denen vielleicht zu helfen war, denen aber nicht geholfen wurde, z. B. Johann Heinrich Merck oder dem englischen Maler Benjamin Haydon, die von Schulden erdrückt waren. Oder er gilt den Poeten Sergej Jessenin und Attila József: beide allein gelassen, verwirrt, um Hilfe rufend, oder der jungen Schweizerin Sylvia Zimmermann, die sich während der Züricher Jugendrevolte verbrannte, über viele Jahre psychiatrisiert und in die Enge getrieben. Das Versagen anderer Zeitgenossen gemahnt an eigene unterlassene Hilfeleistungen, möchte verdrängt, vergessen werden.

Würde und Größe des Selbstmordes bestehen darin, daß

jeder einzelne Entschluß »frei« mit sich selbst errungen wurde. Freitod ist nicht verallgemeinerbar, er ist keine Patentlösung für Probleme und Schmerzen, auch nicht für tödliche Krankheit. Seine revolutionäre Kraft besteht in seiner Einzigartigkeit und Unkontrollierbarkeit. Unbehagen und Mißtrauen überkommen mich dann, wenn Selbstmord als eine Art »sozialhygienische« Lösung in den Blick genommen wird und Bestrebungen nach Verallgemeinerung laut werden. Zum Beispiel scheint mir im Selbstmorddokument von Charlotte Perkins Gilman schon die Wortwahl bedenklich: »Die Zeit wird kommen, da wir es für abscheulich und unserer Zivilisation unwürdig halten, einen Menschen unter verlängerten Todesqualen sterben zu lassen, die wir doch bei jeder anderen Kreatur aus Barmherzigkeit beendeten.«[18] Sterben »lassen« muß die menschliche Gemeinschaft jeden, wie er will, und das »beenden« muß dem Todeswilligen überlassen bleiben und nicht einem imaginären »Wir«.

Gegen eine amerikanisch überpatente Auffassung von Selbstmord als einer schnellen und sauberen Problemlösung wendet sich Alfred Alvarez, einen eigenen Selbstmordversuch kritisch betrachtend: »Ich sah langsam ein, daß ich die falsche Sprache benutzt hatte. Ich hatte das ganze ins Amerikanische übersetzt. Zu viele Filme, zu viele Romane, zu viele Reisen in die Staaten hatten mir eine optimistische fremdsprachliche Ausdrucksweise aufgezwungen. Ich hielt mich nicht mehr für unglücklich, statt dessen, hatte ich Probleme. Dies ist eine optimistische Art und Weise, die Dinge zu nehmen. Bei Problemen gibt es Lösungen. Unglücklich dagegen ist eine Lebensbedingung, mit der sich der Mensch abfinden muß wie mit dem Wetter.«[19]

Zwei abschließende Zitate nennen Gründe für Art und Struktur dieser Anthologie. »Ein guter Abschiedsbrief sollte mindestens 14 Tage vor der Tat geschrieben werden«:[20] so der Kommentar eines Suizidologen in einer Studie über Abschiedsbriefe. Oder: »Die höchste Selbstmordrate der

Weltgeschichte könnte im biographischen Anhang eines Schullesebuches oder beim Studium der Namen einer beliebigen Enzyklopädie gefunden werden.«[21] Die meisten der ausgewählten Texte sind nicht kurz vor der Tat geschrieben, einige liegen sogar Jahrzehnte davor. Andererseits sind fast alle Autoren in der einen oder anderen Weise bekannt. Meist sind es Dichter, einige Politiker, Wissenschaftler, d. h. alle waren sich einer öffentlichen Aufmerksamkeit bewußt; viele waren gewohnt, zu gestalten, was sie sagten und schrieben. Für einige war das Schreiben ein solches Lebensbedürfnis, daß die Unmöglichkeit oder Unfähigkeit, es weiterhin zu können, das Versiegen aller Kraft bedeutete. Cesare Pavese beendet sein Tagebuch mit dem Satz: »Nicht Worte, eine Geste. Ich werde nicht mehr schreiben.«[22] Von Texten dieser Art möchte man erwarten, daß sie mit der äußersten Anspannung der Kräfte und Fähigkeiten verfertigt wurden. Einige Autoren wollten sich so etwas wie einen gloriosen Schlußpunkt setzen, zu ihrer Unsterblichkeit beitragen oder sich in der einen oder anderen Weise verewigen. So wie man von großen Reden und Kunstwerken mehr Einsicht und Wahrheit erhofft als von alltäglich Dahingesagtem, so mag man aus den hier gesammelten Texten vielleicht eine größere Annäherung an die »geschlossene Welt«[23] des Selbstmordes erfahren – eine Welt, die, glaube ich, nur wirklich kennen kann, wer sie schon einmal betreten hat, und sei es nur für fünf Minuten.

1 Dieses Buch S. 20.
2 Klaus Mann, Briefe und Antworten II 1937–49, hrsg. von Martin Gregor Dellin. Mit einem Nachwort von Golo Mann, München 1975, S. 347.
3 R. Weichbrodt, Der Selbstmord, Basel 1937, S. 231 ff.
4 Alfred Alvarez, Der grausame Gott, Frankfurt 1979, S. 78.
5 Sylvia Plath, Die Glasglocke. Aus dem Englischen von Christian Grothe, Frankfurt 1975, S. 140.
6 siehe Lothar Kalinowsky, Somatherapy of Suicidal Patients, in: Resnic, H.L.P., ed., Suicidal Behaviors, London 1968, S. 306 ff.

7 Thomas Szasz, The Ethics of Suicide, in: Benjamin Wolman, ed., Between Survival and Suicide, New York 1976, S. 163 ff.
8 R. E. Shulman, Suicide and Suicide Prevention, a legal analysis, in: American Bar Association, Jhg. 54 (Sept. 68), S. 853 ff.
9 Thomas Szasz, a. a. O. S. 181.
10 Philippe Ariès, Studien zur Geschichte des Todes im Abendland, Stuttgart 1981.
11 Edwin S. Shneidman, Death of Man, London 1975, S. 69.
12 Peter Freudell, Epikrise zu 700 Selbstmordversuchen, in: Charles Zwingmann, Selbstvernichtung, Frankfurt 1965, S. 45.
13 Dieses Buch S. 65.
14 Albert Camus, Der Mythos von Sisyphos. Ein Versuch über das Absurde, Hamburg 1968.
15 Reinhold Schneider, Über den Selbstmord, Baden-Baden 1947, S. 40.
16 André Breton, Anthologie des Schwarzen Humors, verschiedene Übersetzer, München 1979, S. 466.
17 Maurice Nadeau, Geschichte des Surrealismus, Hamburg 1965, S. 128.
18 Dieses Buch S. 103.
19 Alfred Alvarez, a. a. O., S. 258 f.
20 Edwin S. Shneidman, Suicide Notes reconsidered, in: Suicidology, Contemporary Development, N. Y., San Francisco, London, 1976, S. 258.
21 Austin L. Porterfield, The Problem of Suicide, in: J. Gibbs ed., Suicide, N. Y. 1968, S. 33.
22 Dieses Buch S. 80.
23 Alfred Alvarez, a. a. O., S. 258.

I
Abhandlungen

Hertha Kräftner Wenn ich mich getötet haben werde 1951

Wenn ich mich getötet haben werde, können die anderen voraussichtlich eine Menge Mutmaßungen, Verdachte, Motive und Interpretationen angeben. Am häufigsten wird man wohl davon sprechen, daß die unangenehmen Situationen, in die die meisten Menschen geraten, nur neurotischen oder gar psychopathischen Persönlichkeiten unerträglich werden. Ferner wird die Annahme berechtigt sein, daß ein hysterischer Selbstmordversuch unabsichtlich ein unglückliches Ende nahm. Noch weiter werden jene gehen, die – da sie sowohl meine Lebenshaltung als auch meine Schreibweise als traurige kennen – meine Tat als Konsequenz einer Psychose werten werden; die Melancholie endet sehr oft mit Selbstmord; das ist vielen bekannt.

Neben diesen Deutungen, die sich alle auf die Annahme einer krankhaften Veranlagung stützen, wird es jene geben, die ein schockhaftes Erlebnis als Ursache angeben. Ihnen zufolge könnte der Tod eines Nahestehenden, eine Untreue des Geliebten, der Bruch eines langjährigen Verhältnisses, Streit in der Familie oder dergleichen mehr die Veranlassung zur Tat gewesen sein. Niemand wird etwas genaues wissen, aber alle werden von der Richtigkeit ihrer Annahme überzeugt sein.

Die dritte Kategorie der Beurteilenden aber wird meinen Tod als völlig ursachlos empfinden, denn ihre Argumente heißen: Dieses Mädchen stand am Anfang ihres Lebens, sie war weder gefährlich krank, noch häßlich oder verunstaltet; sie war gescheit und gebildet, ihr Professor nannte sie fähig, und namhafte Literaten fanden sie begabt. Sie hatte bereits schriftstellerische Erfolge. Wo immer sie hinkam, war sie den Leuten sympathisch, sie konnte sich ihren Mitmenschen anpassen. Sie hatte einen Freund, der sie liebte, wenn sie aber neben ihm nicht glücklich war, so hatte sie Gelegenheit genug, einen anderen zu wählen. Sie hatte eine sorgende Familie und bekam nicht nur, was sie brauchte, sondern auch, was sie sich wünschte. Hatte dieses Mädchen also Grund, sich zu töten? Nein, antworten die Philister.

Das dürften im großen und ganzen die Linien sein, innerhalb derer – natürlich mit einigen Abweichungen – die Interpretationen sich bewegen werden. Aber ich bin überzeugt, daß es keinen geben wird, dessen Trauer um mich so groß ist, daß die Frage nach dem Motiv in seinem Herzen keinen Platz findet.

Was die Auswirkung meines Selbstmordes auf fremde Gemüter betrifft, so werden es die meisten bedauern und einige darüber trauern. Sollte jemand in Verzweiflung geraten, so ist der sichere Trost gegeben, daß er früher oder später – eher früher – darüber hinwegkommt. Ich bin sicher, daß man oft – vor allem unter den Kommentatoren erster Kategorie – den Satz hören wird: Das Kranke muß absterben, das ist ein biologisches Gesetz. Ob wohl unter den vielen Leuten, die mich kennen, sich einer den stillen Vorwurf machen wird, daß man mir hätte helfen können? Er wird bald einsehen, daß er sich den Vorwurf ersparen kann, denn es war schließlich nicht seine Schuld, daß ich meine gefährdete Situation nicht deutlich genug zeigte.

Wenn es möglich wäre, mich nach meinem Tod um die Ursache zu fragen, so müßte ich antworten, daß ich durchaus geneigt sei, mich einer der oben dargestellten Theorien anzuschließen, sofern sie nur überzeugend genug vorgebracht wird. Die wirkliche Ursache, warum der Tod einen trifft, zu wissen, ist niemals möglich; wirklich und ausschlaggebend ist nur, daß der Tod auch nach Teheran kommt.

René Crevel Antwort auf eine Umfrage der Zeitschrift Revue Surréaliste: »Ist Selbstmord eine Lösung?« 1925

Das Mosaik der Trugbilder ist nichts wert. Ich meine, daß die gesamten sozialen Zusammenhänge nicht die Oberhand gewinnen können über die Angst, die uns bis auf die Knochen durchdringt. Keine Mühe wird sich jemals siegreich diesem tiefen Drang widersetzen, diesem mysteriösen Trieb, der wohl kaum ein Lebenstrieb ist, Monsieur Bergson, sondern sein wundersames Gegenstück, der Todestrieb. Durch einen Selbstmord, den ich miterleben sollte und dessen Autor/Akteur diejenige Person war, die mir damals am liebsten und meiner Seele am hilfreichsten war, durch diesen Selbstmord, der – für meine Formation und Deformation – mehr bewirkt hat als jeglicher früherer Versuch zu lieben oder zu hassen, erfuhr ich schon am Ende meiner Kindheit, daß der Mensch, der seinen Tod erleichtert, das gefügige und genügsame Instrument einer großen Kraft ist (nennen Sie sie Gott oder Natur), die, nachdem sie uns in den Schoß der weltlichen Mittelmäßigkeit geworfen hat, die wenigen Mutigen in ihre Flugbahn aufnimmt – heraus aus diesem Weltwartesaal.

Man sagt, man bringt sich um aus Liebe, Angst oder wegen der Syphilis. Das ist nicht wahr. Alle Welt liebt oder glaubt zu lieben, alle Welt hat Angst, alle Welt hat mehr oder weniger Syphilis. Der Selbstmord ist eine Art Auswahl. Umbringen tun sich jene, denen die fast universelle Feigheit fehlt, gegen gewisse Gefühlsregungen anzukämpfen, die so intensiv sind, daß man sie ernst nimmt, bis eine neue Ordnung gefunden ist. Nur solche Regungen erlauben die wahrscheinlich gerechteste und definitivste Lösung: Den Selbstmord.

Keine Liebe, kein Haß ist scheinbar gerecht oder endgültig. Aber die Wertschätzung, die ich gegen meinen Willen und trotz meiner despotischen moralischen und religiösen Erzie-

hung gezwungen bin, jemandem entgegenzubringen, der keine Angst gehabt hat und seinen Trieb, seinen Todestrieb nicht unterdrückt hat, führt mich jeden Tag dazu, noch mehr diejenigen zu beneiden, deren Angst so stark war, daß sie die vorübergehenden Zerstreuungen nicht mehr akzeptieren konnten.
Menschliche Errungenschaften sind hohle Worte und Augenwischerei. Wenn man auf Grund von Glücksgefühlen sich gelassen zeigt, dann negativ, wie auf Grund eines Schlafmittels. Das Leben, das ich akzeptiere, ist das schrecklichste Argument gegen mich. Der Tod, der mich mehrere Male in Versuchung geführt hat, überragte an Schönheit jene Angst, aus banalen Beweggründen zu sterben, die ich ebensogut als Gewohnheit der Zaghaftigkeit bezeichnen kann.
Ich wollte die Türe öffnen und habe mich nicht getraut. Ich habe unrecht. Ich fühle es, ich glaube es, ich will es fühlen, glauben. Denn wenn ich keine Lösung im Leben finde, trotz meiner verbissenen Suche, würde ich dann die Kraft für weitere Versuche haben – wenn ich in dem definitiven letzten Akt keine Lösung sähe?

Bernhard Georg Diese innere Sehnsucht 1800

Sie sollen nicht glauben, als trieben mich zu diesem Schritte plötzlicher Anfall eines schwärmenden Trübsinns oder irgend eine törichte Leidenschaft oder endlich Verbrechen.
Sie sollen wissen, daß ich in ruhiger Überlegung mehrerer Jahre meinen Wunsch gewogen, seine Rechtmäßigkeit geprüft. Denken Sie ja nicht, als übernähme ich es, Sie von dem Rechte des Menschen, sein Leben willkürlich zu enden, zu überreden, oder es sei meine Absicht, diese kleine Untersuchung über ein solches Recht als ein Vermächtnis der Welt zu hinterlassen. Mein einziger Zweck ist, Sie sollen, wenn Sie gelesen haben, schließen, daß ich überzeugt sein konnte. Für

mich ist die Kantsche Philosophie in ihrem ganzen inneren Gliederbau erwiesen, ich nehme ihre Prinzipien als die meinen an. Ich abstrahiere gänzlich von allem, was Supernaturalisten und Theisten, was Natur- und Staatsrechtslehrer untersucht und für ihre Partei entschieden haben. Die kritische Skepsis reklamiert die Revision aller ihrer Aussprüche und betrachtet sie, bis sie aus ihrem eigenen System gefolgert sind, als unbegründet, als nicht vorhanden. Gesetzt also auch, die Philosophen aller Zeiten und aller Parteien hätten einstimmig für die Unsittlichkeit des freiwilligen Todes entschieden: ich bediene mich des dem Skeptiker zuständigen Rechtes, ihre dogmatischen Aussprüche zu ignorieren und die Untersuchung über mein Problem lediglich aus Prinzipien meines Systems zu bewerkstelligen.
Das Kantsche Raisonnement besteht aus zwei Gliedern, deren erstes sich in folgendem Schlusse, der so viel wie möglich mit den eigenen Worten des Verfassers ausgedrückt ist, leicht konzentrieren läßt.
Die Maxime des aus Selbstliebe zum Tode entschlossenen Menschen: Ich mache es mir zum Prinzip, wenn mir das Leben in seiner Fortdauer mehr Übel droht, als es mir Annehmlichkeiten verspricht, dasselbe abzukürzen, diese Maxime muß, wenn sie nicht unsittlich sein soll, als allgemeines Naturgesetz gedacht werden können.
Was ist diese innere Sehnsucht, gegen die gleichwohl die Sinnlichkeit sich immer noch empört? Woher diese Bilder des Todes, die seit Jahren schon mich unaufhörlich verfolgen, in Augenblicken des ernsten Denkens feierlich vor meiner Seele stehen, unter den mühevollen Geschäften des Tages plötzlich bald wie ein heilender Engel, bald wie ein schreckender Dämon erscheinen, selbst in Augenblicken, wo ich durch die vorsätzlich genommene Maske eines Frohsinns, den mein Herz nie kannte, alles um mich her täusche, nicht verschwinden und in dem Momente, in welchem ich in mein Inneres blicke, hervortreten und mich hinüberreißen zu Ideen, die bald mit süßen Phantasien mir den Busen

schwellen, bald mit Schauern der Angst und Tränen der Verzweiflung mein ganzes Wesen krampfhaft und gewaltsam erschüttern? – So ist es denn wahr, daß das Leben mir keine Gabe ist, für die ich gern der Gottheit dankte? – O, und wie wäre es die? Was könnte noch an eine Erde fesseln, die seit so vielen verflossenen Jahren mir nicht eine Freude, auf die künftigen mir nicht eine Hoffnung liefert, die nicht Wahnsinn wäre?

Wirft man einen Blick auf das ganze Erdenleben des Menschen, denkt man ihn dabei als ein Wesen, dem die praktische Vernunft geraubt wäre: so ist sein Dasein, seine Bestimmung, alles an ihm ein Rätsel, und er selber das verächtlichste, das vom Schicksal verfluchte Geschöpf. Betrachtet seine Freuden, seine Leiden! Seine Genüsse sind das Käuen der Dornen und Disteln, die ein von der Natur mit Fluch belasteter Boden, durch seinen Schweiß befruchtet, ihm trägt, oder das Verschlingen der Äser ekelhafter Geschöpfe, deren Scheußlichkeit zu verbergen oft alle Kunst des Koches unzureichend ist. Und sein größtes Streben geht dahin, sich diese Dinge in zureichendem Maße zu erwerben, um mit tierischer Behaglichkeit daran zu schmatzen. Und was ist die Gesellschaft, was selbst größtenteils die Freundschaft als ein ewiger verabredeter Betrug durch gegenseitige Austauschung erheuchelter Gefühle? – Wollt ihr seine Wissenschaft nennen? Wie lächerlich ist's, mit so vielen tausend Aufopferungen, auf Kosten der Gesundheit und selbst des Lebens, nach dem Besitz eines Stäubchens zu haschen, das sich in der unendlichen Sphäre des Wißbaren verliert? Rechnet nun noch die ungeheure Menge körperlicher Leiden, mit der die Natur vorzugsweise ihr geliebtes Geschöpf ausstattete! Das zahllose Heer der nimmer ersehnten Wünsche, der getäuschten Hoffnungen, der vernichteten Entwürfe! Sehet, wie er in dem engen, unwürdigen Zirkel seines Lebens umhertreibt, bis ihn endlich – immer noch zu zeitig für ihn – der Tod hinwegrafft, und ihn der Verwesung übergibt, durch die er wurde! – Ist das kleine, ich denke wahrlich nicht übertriebe-

ne Bild, lockend? Oder empört sich nicht vielmehr eure ganze Seele, und würdet ihr nicht vor den Richterstuhl der versammelten Menschheit den Tyrannen fordern und ihn verdammen, der dem unglücklichen Volke ein Leben gab, nach dem ihm nie lüstete? – Weg mit einer unmöglichen Täuschung!
Durch den Selbstmord nahm sich der Mensch wieder das Recht, das ihm mit Unrecht genommen ward.
Unmöglichkeit der Moralität im tierischen Leben gibt Pflicht; Untauglichkeit dieses Lebens wenigstens ein Recht, es zu enden.

Jean Améry Der Suizidant 1976

Versuchen wir, die Botschaft des Suizidanten zu übersetzen in die alltägliche Sprache. Seine Handlung sagt: Du Anderer als Teil des sozialen Netzes hattest recht gegen mich, was immer du mir zufügtest; aber siehe: ich kann der Rechtsgültigkeit mich entziehen. Dies tue ich, ohne dir etwas anzutun. Er sagt übrigens auch: Leb wohl. Er sagt: Es war vieles sehr schön. Er schluchzt vor sich hin (ohne Drüsensekretion oder damit, es ist das Nämliche): Wie schade, daß ich gehen muß. Er beklagt sein Geschick, sein Ungeschick. Er ist kein Held. Er ist noch weniger ein Erkenntnistheoretiker. Wie tief sein Ekel sei, wie unüberwindlich seine Todesneigung, wie triumphierend momentweise sein im Abtreten gegen die Realität siegreiches Ich sich gebärde, wie großartig er sich dünke im Aufsichnehmen einer Einsamkeit, die nun aus einer relativen zur absoluten wird, wie lange der Entschluß herangereift sei oder mit welch jäher Gewaltsamkeit er gefaßt wurde, wie hoch er sich aufgestiegen erfahre oder wie tief gefallen –: Der Suizidant ist ein *Mensch*. Schon gehört er der Erde, aber noch gehört die Erde ihm – und sie ist schön. Und der Andere, mein Gott, er war, gesehen nun aus der

Perspektive des Scheidenden, so schrecklich nicht. Der Realität gehorchend, hat der Suizidant alle notwendigen Anstalten getroffen, ihrem Prinzip zu entrinnen. Die Wirklichkeit war nicht zu ertragen in ihrer Gesamtheit, aber da sie ihm ja nicht nur die in ihm hochgeschichteten großen échecs gebracht hat, sondern auch die kleinen Ehrenstunden, war sie denn doch vielleicht nicht ganz so schlimm, ein Wort an sie, das nicht geschrieben noch auch nur ausgesprochen werden muß, ist das mindeste, was man ihr schuldet. Voilà des fruits, des feuilles, des fleurs et des branches, et puis voici mon corps. Ich weiß, Wirklichkeit, wie du mit ihm verfahren wirst. Ich habe alles einkalkuliert. Und kam zu dem Beschluß, daß ich dir gehörte und endlich mir selbst gehören muß. Du wirst mich, Anderer, der du mir die Hölle warst, aber auch die Seligkeit, nicht oder nicht lange beklagen: Aber ich beklage dich und in dir mich selber. Und damit: gute Nacht. Meine Botschaft mag für den Theoretiker des Freitods, den er beharrlich und wider alle Vernunft »Selbstmord« nennt, Aggression sein, Racheakt, postume Erpressung, was weiß ich. Doch ich weiß. Ich weiß, daß die Botschaft, die sinnlos ist, ohne die ich aber nicht täte, was ich tue, die ausgestreckte Hand ist der Versöhnung. Leb wohl denn. Ich gehöre endlich mir selber: Die Früchte meines Entschlusses werde ich nicht ernten, ich bin's zufrieden, noch im *Trennungsschmerz*, der groß ist, insonders wenn ich bedenke, daß die Welt des Glücklichen eine andere ist als die des Unglücklichen und daß mit dem Tod die Welt sich nicht verändert, sondern aufhört. – Dies also der Sinn der Botschaft, die am Bestimmungsort nicht eintreffen kann, weil es einen solchen nicht gibt.

Wahrscheinlich ist niemand, der sich das Leben zu nehmen versucht, sich all seiner Motive bewußt, da sie gewöhnlich viel zu komplex sind [...]. In meinem Fall ist es so etwas wie ein unklares Gefühl von Angst, ein vages Angstgefühl gegenüber meiner eigenen Zukunft.

Seit etwa zwei Jahren denke ich an nichts anderes als an den Tod, und ich las mit besonderem Interesse einen bemerkenswerten Bericht über den Prozeß des Sterbens. Der Autor verwendete dabei abstrakte Begriffe, ich will dagegen versuchen, so konkret zu sein wie ich kann, selbst auf die Gefahr hin, daß es sich unmenschlich anhört. In diesem Punkt fühle ich mich verpflichtet, ehrlich zu sein. Was meine vage Zukunftsangst angeht, habe ich wohl alles in »The Life of a Fool« dargelegt, bis auf einen gesellschaftlichen Faktor, nämlich den Schatten des Feudalismus, der über meinem Leben liegt. Dies überging ich absichtlich, da ich mir überhaupt nicht sicher war, ob ich die gesellschaftlichen Zusammenhänge, in denen ich lebe, erklären könnte.

Nachdem ich mich einmal zum Selbstmord entschlossen hatte (ich halte ihn nicht, wie die Abendländer, für Sünde), suchte ich die schmerzloseste Methode der Durchführung. So schloß ich Erhängen, Erschießen, Springen und andere Arten des Selbstmordes aus ästhetischen und praktischen Gründen aus. Medikamente einzunehmen, schien mir der beste Weg. Der Ort sollte mein eigenes Haus sein, was das auch an Unannehmlichkeiten für meine überlebende Familie bedeuten mochte. Ich dachte (als eine Art von Sprungbrett) an Gesellschaft wie Kleist oder Racine, vielleicht eine Geliebte oder einen Freund, aber dann war ich bald mit meiner eigenen zufrieden und entschloß mich, allein zu gehen. Und das Letzte, was mir noch zu bedenken blieb, war, ohne das Wissen meiner Familie eine perfekte Ausführung sicherzustellen. Nach mehreren Monaten Vorbereitungszeit bin ich mir jetzt endlich darüber gewiß.

Wir Menschen haben, als menschliche Tiere, eine animalische Angst vor dem Tod. Die sogenannte Lebenskraft ist nichts anderes als animalische Kraft. Ich bin selbst eines dieser menschlichen Tiere. Und anscheinend ist die animalische Kraft nach und nach aus meinem Organismus verschwunden; jedenfalls habe ich inzwischen nur noch wenig Lust auf Essen und Frauen. Die Welt, in der ich jetzt lebe, ist geprägt von zerrütteten Nerven, klar wie Eis. Solch ein freiwilliger Tod muß uns Frieden geben, wenn nicht Glück. Jetzt, da ich bereit bin, finde ich die Natur schöner denn je, so paradox das klingen mag. Ich habe mehr als andere gesehen, geliebt und verstanden. Wenigstens darin finde ich ein gewisses Maß an Befriedigung, trotz aller Qualen, die ich bis jetzt zu ertragen hatte.

Postscriptum:

Als ich die Biographie von Empedokles las, fühlte ich, wie alt der Wunsch ist, sich zum Gott zu machen. Dieser Brief versucht das auf keinen Fall, so weit ich mir darüber bewußt bin. Im Gegenteil: ich halte mich für einen der gewöhnlichsten Menschen. Vielleicht erinnert Ihr Euch an jene Tage vor 20 Jahren, als wir unter den Linden »Empedokles auf dem Ätna« diskutierten. In jenen Tagen war ich jemand, der sich zum Gott machen wollte.

II
Ablehnungen

Jacques Rigaut Posthumes Papier 1929

Ich will ernst sein wie die Freude. Die Leute wissen nicht, was sie sagen. Es gibt keinen Grund zu leben, aber es gibt auch keinen Grund zu sterben. Wir können unsere Verachtung für das Leben nur dadurch zeigen, daß wir es hinnehmen. Das Leben ist es nicht wert, daß man sich die Mühe gibt, es zu verlassen. Man kann es aus Barmherzigkeit manchen ersparen, aber sich selbst? Die Verzweiflung, die Gleichgültigkeit, die Untreue, die Treue, die Einsamkeit, die Familie, die Freiheit, die Trägheit, das Geld, die Armut, die Liebe, die Lieblosigkeit, die Syphilis, die Gesundheit, der Schlaf, die Schlaflosigkeit, das Verlangen, das Unvermögen, die Platitüde, die Kunst, die Ehrbarkeit, die Schande, die Mittelmäßigkeit, die Intelligenz, all das ist nicht der Rede wert. Wir wissen nur zu gut, was es mit diesen Dingen auf sich hat, um uns vor ihnen in acht zu nehmen, sie taugen nur dazu, für einige belanglose Fälle von Selbstmord zu werben. (Freilich gibt es körperliche Leiden. Was mich betrifft, bin ich gesund: um so schlimmer für die, die leberkrank sind. Nicht, daß ich Opfer liebte, aber ich nehme es den Leuten nicht übel, wenn sie meinen, sie könnten ein Krebsleiden nicht geduldig ertragen.) Und, nicht wahr, was uns befreit, was uns etwaige Leiden erspart, ist dieser Revolver, mit dem wir uns, wenn uns das beliebt, heute abend töten werden. Verdruß und Verzweiflung sind ja immer nur neue Gründe, sich ans Leben zu klammern. Der Selbstmord ist recht bequem, ich muß immer daran denken: er ist allzu bequem. Ich habe mich nicht getötet. Man möchte eben nicht scheiden, bevor man sich bloßgestellt hat; wenn man weggeht, möchte man Nôtre-Dame, die Liebe oder die Republik mit sich nehmen.

Der Selbstmord muß Berufung sein. Da ist das Blut, das kreist und das für sein endloses Kreisen eine Rechtfertigung fordert. Da sind die Finger, die sich vor Ungeduld in die hohle Hand krallen. Da ist der Tatendrang, der einen verzehrt, falls der Unglückliche es versäumt hat, sich eine Aufgabe zu stellen. Wünsche ohne Inhalt. Verlangen nach Unmöglichem. Hier haben wir die Grenze zwischen Leiden, die einen Namen und einen Gegenstand haben, und diesem, das anonym und autogen ist. Es ist für den Geist eine Art Pubertät, so wie sie in den Romanen beschrieben wird (denn natürlich bin ich zu früh verdorben worden, als daß ich eine Krise zu der Zeit hätte durchmachen können, da es sich im Unterleib zu regen beginnt), doch man kommt aus ihr anders denn durch Selbstmord heraus.

Ich habe kaum etwas ernst genommen; als Kind streckte ich den Bettlerinnen, die meine Mutter auf der Straße um ein Almosen angingen, die Zunge heraus und zwickte ihre vor Kälte weinenden Blagen heimlich in den Hintern; als mein lieber Vater im Sterben lag und mich zu sich rief, um mir seine letzten Wünsche anzuvertrauen, schnappte ich mir das Dienstmädchen und sang: *Deinen Eltern mußt du den Laufpaß geben – dann können wir beide der Liebe leben ...* Jedesmal, wenn ich das Vertrauen eines Freundes mißbrauchen konnte, habe ich es höchstwahrscheinlich getan. Aber es ist kein großes Verdienst, die Güte zu verspotten, sich über die Nächstenliebe lustig zu machen; viel komischer ist es, die Leute um ihr bißchen Leben zu bringen, ohne Grund, einfach so, um etwas zu lachen zu haben. Kinder wissen das und verstehen es, das ganze Vergnügen auszukosten, das darin liegt, Panik in einen Ameisenhaufen zu bringen oder zwei Fliegen zu zerquetschen, die man beim Liebemachen ertappt hat. Während des Krieges warf ich eine Handgranate in einen Unterstand, wo zwei Kameraden sich gerade für den Urlaub fertig machten. Welch schallendes Gelächter, als ich sah, wie das Gesicht meiner Geliebten, die eine Liebkosung erwartete, sich vor Entsetzen verzerrte, als ich ihr eins

mit dem Schlagring versetzte und sie einige Meter weiter zu Boden ging; und was für ein Schauspiel, diese Leute zu sehen, die sich aus dem Gaumont-Palace herauskämpften, nachdem ich dort Feuer gelegt hatte! Heute abend habt ihr nichts zu befürchten, es beliebt mir, ernst zu bleiben.
An diesen Geschichten ist natürlich kein wahres Wort, und ich bin der artigste kleine Junge von Paris, aber es hat mir so oft Freude gemacht, mir vorzustellen, ich hätte so ehrenvolle Taten vollbracht oder würde sie vollbringen, daß auch nichts daran gelogen ist. Immerhin habe ich mich über nicht wenige Dinge lustig gemacht. Nur über eines auf der Welt habe ich's nicht vermocht: über die Freude. Besäße ich noch einen Funken Scham- oder Ehrgefühl, würde ich mich, so denken Sie sicher, zu einer so peinlichen Vertraulichkeit nicht hinreißen lassen. Ein anderes Mal werde ich Ihnen erklären, warum ich nie lüge: Man braucht seinen Dienstboten nichts zu verheimlichen.
Kommen wir lieber auf die Freude zurück, der es ein leichtes ist, sich unser wieder zu bemächtigen, und die uns mit einem Träller an samtene Haut und an noch ganz anderes denken läßt. Solange ich an der Freude Geschmack finde, ist der Gedanke an Selbstmord für mich schwindelerregend, das steht fest.
Das erste Mal habe ich mich umgebracht, um meine Geliebte zu ärgern. Dieses tugendhafte Geschöpf weigerte sich plötzlich, mit mir zu schlafen, weil sie, wie sie sagte, Gewissensbisse habe, ihren hauptamtlichen Liebhaber zu betrügen. Ich bin mir nicht ganz sicher, ob ich sie liebte, ich vermute, hätte ich sie vierzehn Tage nicht gesehen, ich hätte kaum noch Verlangen nach ihr gehabt: Ihre Weigerung machte mich wütend. Womit konnte ich sie treffen? Habe ich gesagt, daß sie mich zärtlich und treu liebte? Ich habe mich getötet, um meine Geliebte zu ärgern. Man wird mir diesen Selbstmord verzeihen, wenn man in Betracht zieht, daß ich zur Zeit dieses Abenteuers noch sehr jung war.
Das zweite Mal habe ich mich aus Faulheit umgebracht. Ich

war arm und hatte vor jeder Arbeit schon früh einen Horror, deshalb habe ich mich eines Tages getötet, ohne Überzeugung, so wie ich gelebt hatte. Man wird mir diesen Mord nicht verübeln, wenn man sieht, wie blühend ich heute aussehe.

Das dritte Mal ... Ich will Sie mit der Erzählung meiner anderen Selbstmorde verschonen, wenn Sie nur noch diesen anhören wollen: Ich war gerade zu Bett gegangen, nach einem Abend, an dem mein Verdruß bestimmt nicht größer gewesen war als an anderen Abenden. Ich faßte den Entschluß und gab mir selbst, ich erinnere mich noch sehr genau, als alleinigen Grund an: Was, zum Teufel, soll's! Ich stand auf, um die einzige Waffe zu holen, die es im Hause gab, einen kleinen Revolver, den sich einer meiner Großväter zugelegt hatte, mit ebenso alten Kugeln geladen. (Man wird gleich sehen, warum ich auf diese Einzelheit wert lege.) Da ich nackt schlafe, war ich auch im Zimmer nackt. Es war kalt. Eiligst kroch ich wieder unter meine Decke. Ich hatte den Hahn gespannt und spürte in meinem Mund den kalten Stahl. In diesem Augenblick spürte ich wahrscheinlich mein Herz so schlagen wie damals, als ich das Pfeifen einer Granate hörte, bevor sie explodierte, oder angesichts einer noch nicht vollbrachten, nicht wieder gut zu machenden Tat. Ich habe auf den Abzug gedrückt, der Hahn schnappte ein, der Schuß war nicht losgegangen. Daraufhin habe ich meine Waffe auf ein Tischchen gelegt und wahrscheinlich etwas krampfhaft gelacht. Zehn Minuten später schlief ich. Ich glaube, ich habe da eben eine nicht unwichtige Bemerkung gemacht, falls das überhaupt möglich ist ... natürlich! Es ist bezeichnend für mich, daß ich nicht einen Augenblick daran dachte, eine zweite Kugel abzufeuern. Wichtig war, daß ich den Entschluß gefaßt hatte zu sterben, und nicht, daß ich stürbe.

Ein Mensch, der keinen Verdruß und keinen Ärger kennt, sieht im Selbstmord vielleicht die uneigennützigste Tat, wofern er auf den Tod nicht neugierig ist! Ich weiß wirklich nicht, wann und wie ich auf solche Gedanken habe kommen können, doch macht mir das nicht das geringste aus. Immerhin, hier haben wir den sinnlosesten Akt und die Phantasie in ihrer vollen Entfaltung und die Entspannung, die weit über den Schlaf hinausgeht, und das Sich-Bloßstellen in reinster Form.

Konrad Bayer nachtrag 1965

man muß sich umbringen um die hoffnung zu begraben. es gibt keine hoffnung.
jedoch ist ein lebender mensch ein hoffender. contradictio in se.
frage: worauf hoffen?
es gibt nichts was zu erreichen wäre außer dem tod.
also, üblicherweise wird versucht ein ziel möglichst schnell zu erreichen, wenn es bekannt.
ich habe gegen meine natur versucht und gegen meinen instinkt (!) den optimistischen standpunkt einzunehmen. ich habe viel versucht. ich habe gegen mein besseres wissen behauptet: das leben ist wert gelebt zu werden um seiner selbst willen. wie dumm, ein vorwand diese unangenehme prozedur nicht vornehmen zu müssen. es gibt keine schuld, keine sünde, nicht gut, nicht böse, keinen gott, keine möglichkeit, nur den schein für den schein leben zu können. wozu der mensch als ethische fehlkonstruktion mit ethischer einstellung behaftet sein kann? ein scherz. es ist gräßlich, daß die hoffnung wie ein böses geschwür bis zur letzten sekunde wuchert. die dinge bleiben wie sie sind. idealismus ist unangebracht. unter diesen auspizien vertrete ich (natürlich nur für mich, da ja ich mit dieser meinung behaftet bin) als richtig, der. falsch, für. ich bin einfach nicht einverstanden, würde gerne den menschen gegen das tauschen wofür er sich hält oder fälschlich für möglich hält zu erreichen. so betrachtet will ich gerne den anfang machen, das gute beispiel. –

Ich bin die Frau, die mordet, der Hirsch der Tötungen. Ich repräsentiere die Kindheit der bekannten und unbekannten Welten; so bin ich sie. Kommt und tretet meine Erde mit Füßen.

Und als sie so ihren Willen bekundet hatte, ließ diese Frau den Tod in dem ihrer Unbändigkeit entsprechenden Galopp rennen, und als sie, schon ertrunken, im blanken Alkoven der Flüsse, aufgehenkt am höchsten Ast des Baumes der Gerechtigkeit, als sie, Grenznachbar sonderbar neuer Gegenden, mit gutem Recht über alles Neue lachen konnte, und als sie, bezaubernd, o dieses kleine Dummerchen, das sich der Welt hingab wie man die Beute einsteckt, die Hostie zwischen ihre zermarterten Lippen schob, und man sich selbst ißt zum (. . .)* einer Rasse, die immer viel zu ratlos ist und doch nie genug, als sie sich also ins Bett des Stroms legt und sich am Holz der Gerechtigkeit erhenkte, da zog eine wilde Morgendämmerung herauf, die, die Stätte nach und nach verschlingend, in den Augen der Männer, die es noch eilig hatten, ihren Durst zu stillen, eine Sprache entzündete. Auf diese Weise, Leute des verlorenen Landes, aber doch denkwürdige Rasse und durch meine Schuld endgültig besiegt, verschämte Posse, wo man Souffleure rufen hört, die hunderttausendmal besser täten zu schweigen, habe ich jenseits dieser Schwäche den Gipfel meiner Macht erfahren. Wer also wollte sich erheben gegen die vom Weibe geborene Frau, die mit vollen Händen das Feuer entbindet? Wer also wollte sie der Lüge zeihen? Ich bin göttlich von Todes Gnaden, und es ist der Tod, den ich auf allen Bänken des großen Kollegs zur Schau stelle. Ich bin gerettet durch meinen Schrei, der schrecklicher ist als der der Mantelmöwe, die jedoch jene, die sie hören, mit den schlimmsten Unheilsfluten überschwemmte, die man sich denken kann. Ich bin

* Ein Wort unleserlich (Anm. d. Hrsg.).

Christus ebenbürtig, und ihr werdet mir das glauben müssen! Eine neue Ära beginnt am Ende meiner Raserei, und sie wird von der Herrlichkeit der Steine sein.
Kommt heute also und zählt eure kleinen Miseren und selbst eure großen Freuden zusammen, törichte Clique der Lebenden! Vermittels eines solchen Gürtels werdet ihr nicht mal den Umfang meines untersten Zweigs messen können. Es verhält sich damit wie mit dem grundlosen Loch, das das Meer selbst nie wird verdecken können, wo mein Name eines Neujahrmorgens vergraben wurde, während dieser stupide Anthropo immer nur wiederholte: »Ah, wenn es doch Freiheit gäbe!« – als wäre ich nicht die einzige mögliche Freiheit, ich, der Tote! O das kleine Kind, das mit Gottvater spielt und das Wesen seines Spiels nicht kennt! Warum sollte es nicht verurteilt werden? Warum sollte es nicht das Pferd zerstören, das in seiner wahnsinnigen Brust rennt? Seine Schwäche (das stimmt) ist ganz einfach widerlich. Ich trete ihn mit Füßen, und meine Freude schreit unter den Gewölben, und die Gewölbe bersten! Der kurze harte Knall der Leere gegen die Schläfe ist das Vorspiel der Stille, die ich diesem Moribunden von sechzehn Jahren wünsche.
Wenn ich seine Hände nähme und, ihn mit mir unter die Hufe ziehend, wir beide zusammen umkämen (ich habe mit dem Gedanken gespielt), was bliebe dann von meinem Zorn? Man sollte ihn im Gegenteil lange beschützen. Man soll sehen, wie er lebendigen Leibes verfault. Und jammern soll er! Er soll verhaßt sein bei den Verhaßtesten! Jede Frau soll sich seiner Annäherung verschließen! Jeder Mann soll ihn mit seiner Lanze stechen, um ihn von sich fern zu halten! Sein Leben soll die genaue Replik meines Todes sein!
O nein! Ich war nicht immer treu. Ich liebe dich noch, und da dem so ist, überhäufe ich dich mit tausend Qualen, die dich bestimmt langsam verzehren werden. Ich lasse dir das Leid, das der Tod mir raubt. Meine Luzidität hindert mich daran, die Tränen und das Jucken der Traurigkeit zu verstehen. Jetzt du, du wirst sie alle auskosten, wie man einen

köstlichen Wein trinkt, und du wirst nie trunken sein; du wirst nie satt sein.
So stammelt in ihrem Grab die Verstorbene, die, glaubt es, über jedes Ereignis, einschließlich das ihres Todes, den Sieg davonzutragen vermochte, denn diese Frau, ihr wißt es, besaß in ihrem Herzen die größte Unschuld, die die Welt je gesehen, die strengste Reinheit und das feinste Zartgefühl. Sie war eine Königin von Zärtlichkeit. Ihre Brutalität heute, angesichts des Strangs, angesichts der Pflastersteine, angesichts des Rades, angesichts der Kugel, angesichts des Kreuzes, angesichts des Gases, angesichts des Dorns, angesichts des gewaltsamen Todes mit den ausgestochenen Augen, ihre Brutalität ist bestürzend, und dadurch erreicht sie den Gipfel aller Größe. Glaubt mir, ich habe nie gehandelt, ohne Segen zu bringen.

Unbekannte Dragoner

Ein Mensch, welcher sich mit Bewußtsein der bewegenden Ursache den Tod gibt, läßt den ihn Überlebenden nichts zu wünschen übrig. Der Tod ist ein Übergang. Dieser Grundsatz in Verbindung mit dem Gedanken, daß man einst endigen muß, legt uns das Pistol in die Hand. Die Zukunft, die vor dem Auge unserer Hoffnung liegt, bietet uns nur Angenehmes, aber diese Zukunft ist kurz.
Kein dringender Grund nötigt uns, unsere Lebensbahn zu unterbrechen; aber der traurige Gedanke, einen Augenblick hindurch desselben zu entbehren, bildet den Vereinigungspunkt in unserer beiderseitigen Entschließung, durch eine freiwillige Handlung diesem despotischen Zwange des Schicksals zuvorzukommen; der Überdruß des Lebens ist das einzige Motiv, das uns veranlaßt, es zu verlassen.
Wir haben alle Genüsse erschöpft, selbst unserm Nächsten gefällig zu sein; wir sind auch im Besitze der Mittel, sie uns

ferner zu verschaffen; aber jedes Vergnügen hat seine Grenze, wodurch es vergiftet wird. Das Lebenstheater ekelt uns an, der Vorhang fällt für uns, und wir überlassen unsere Rollen anderen, welche schwach genug sind, sie noch einige Stunden spielen zu wollen. [...]
Sie müssen es mir mehr als einmal angesehen haben, daß ich mißvergnügt war; ich gab es Ihnen einige Male zu verstehen, aber ich erklärte mich nicht, denn es waren damals nur noch fliegende Hitzen. Seitdem aber bin ich überzeugt, daß mein Mißmut aus einem Ekel vor dem Leben überhaupt entsprang. Mit einem Worte, ich bin aller möglichen Zustände, aller möglichen Wünsche, der Menschen, der Welt und meiner selbst satt.
Bourdeaux, zuerst Zögling eines Schulfuchses, dann des Cujacius, darauf Rechtsbeistand der Intrige, sodann Mönch, dann Dragoner, endlich Nichts.

Johann Heinrich Merck An Goethe

Darmstadt, den 18. Oktober 1788

Ich bin noch nicht imstande, weder dem Herzog als meinem ersten Wohltäter, noch meinem ältesten und edelsten Freunde mit meinem Dank unter die Augen zu treten. Meine Situation übertrifft an Elend alle Beschreibung. Ohne Schlaf und ohne Mut, physisch und moralisch zugrunde gerichtet, wandere ich ohne Ruhe noch unter den Lebenden herum, jedem zur Last, und fürchte für meinen Verstand. Weil es der Medikus will, muß ich an die Luft, und da mir das Blut ganz allein nach dem Kopf steigt, so hält man mich für gesund, weil ich rot aussehe. Indessen sind alle animalischen Funktionen gestört und müssen es noch lange bleiben, weil alle Tage der wiederkehrende Verdruß bei Abtuung der traurigsten Geschäfte und dem Empfang der schrecklichsten

Briefe das Werk der restaurierenden Natur zerstört.
Ach, meine arme Frau und meine blühenden Kinder, die ich in dem pisanischen Turme wie zum Hungersterben eingesperrt sehe! Für mich ist keine Freude mehr auf dieser Welt und Jammer ohne Ende auszutrinken ein vollgerüttelt Maß. Was alle Bemühungen meiner Freunde, mich aufrecht zu erhalten, wirken werden, muß die Zeit lehren. Bleibe ich ferner so krank oder verliere ganz den Verstand, so bin ich zu meinem Amte ferner untüchtig und sterbe also natürlicherweise Hungers mit meiner Familie. Erhalte ich mich noch, wenn es Gottes Wille ist, bei Kräften und Verstand, so habe ich nichts zu meinem Unterhalte, als mein bißchen Gehalt bei einem sehr garstigen Dienste, das nicht — lange nicht hinreicht. Bei den kompliziertesten Umständen bin ich zu nichts fähig, abzutun oder zu endigen; und doch kann niemand meine Stelle vertreten. Alles reut mich, alles ängstigt mich – aber am meisten das Wohltun und die Güte meiner Freunde und das Lächeln meiner unschuldigen Kinder. Der Erbprinz und Schleiermacher haben sich wie Engel gegen mich aufgeführt und so noch einige edle Menschen. Aber Berge lassen sich nicht versetzen. Wenn ich nur nicht ganz kindisch und mutlos wäre und die Schmach der Armut in der Nähe und Ferne vertragen könnte, so wäre vielleicht Hoffnung zu meiner Genesung und Aufrechterhaltung. Ich gehe des Tags tausendmal zu Bett und stehe wieder auf, wandere treppauf und treppab, daß mir die Füße wund werden, und wenn mich dann der Schlaf überfällt, so ist dies der seligste Augenblick – aber auch der unseligste der, wo ich erwache. Dies geschieht wie von einem Kanonenschuß geweckt, und fährt mir's wie tausend Spieße durch alle Glieder, wenn ich diese und jene Verlegenheit, diesen und jenen Kummer, der mir den Tag über bevorsteht, in einem Nu überdenke und davor zurückschrecke. Meine alte Magd, die mich füttert und wartet, hält mich für behext und will, man solle den Schinder holen lassen. Denn die Unruhe, die mich treibt, scheint nur ein Werk böser Menschen. Meine

Frau verträgt mich und das Elend, das ich über sie und ihre Kinder gebracht habe, mit einer Geduld und Standhaftigkeit, die ich kniend nicht genug verehren kann. Mein unwillkürliches Geschrei stört sie des Nachts im Schlaf, und meine Unruhe des Tages über scheucht alle Freude des Hauses. Noch kann ich ihr so strenge nicht alles Geld zum Vergnügen versagen, als es künftig geschehen muß. Denn noch lebe ich vom Raube. Aber es wird nun bald ans Rechnen kommen, und dann fallen die gewöhnlichsten Komoditäten des Lebens weg.

Ich schreibe alles dieses in der Hoffnung, ein schwaches Licht in meinen Kerker zu werfen, bei dem man mich zur Not erkennen kann, und dann die Ursache meines Stillschweigens zu erklären. Es geht mir mit dem Herzog wie mit Gott; ich kann nicht mit ihm reden, so gern ich wollte, mich ihm nicht nähern. Es fehlt mir an Köhlerglauben, und was gäbe ich jetzo drum, wenn ich beten könnte. Gott erhalte Sie, teuerster Mann, auf dem höchsten Gipfel des Glücks, getragen von der Anbetung Ihrer Freunde dem Ruf der Nachwelt entgegen. Und mit mir und über mich richte sein heiliger Wille, wie er es zu meinem Besten, zu meiner Besserung und Bestrafung, zur Erleichterung des Elends meiner Kinder und deren redlichem Fortkommen durch diese böse Welt für wohlgetan achten wird. Ich finde mich etwas erleichtert, nachdem ich diesen langen Brief geschrieben habe. Wenn ich weinen könnte, wäre mir noch besser.

III
Vorboten

Sylvia Plath Lady Lazarus 1963

Ich habe es wieder getan.
Einmal in zehn Jahren
Schaffe ich es –

Eine Art Wunder auf zwei Beinen, meine Haut
Hell wie ein Nazilampenschirm,
Mein rechter Fuß

Ein Papierbeschwerer,
Mein Gesicht formloses, feines
Judenleinen.

Zieh das Bahrtuch herunter,
O mein Feind.
Erschrecke ich?

Die Nase, die Augenhöhlen, das vollständige Gebiß?
Der saure Atem
Wird in einem Tag verschwinden.

Bald, bald wird das Fleisch,
Das die Grabhöhle aß,
Auf mir zu Hause sein,

Und ich bin eine lächelnde Frau.
Ich bin erst dreißig.
Und wie die Katze habe ich neun Mal zu sterben.

Dies ist das dritte Mal.
Was für ein Quatsch,
Jedes Jahrzehnt zu vernichten.

Was für eine Million Drähte.
Die erdnußknuspernde Menge
Schiebt sich hinein zu sehen,

Wie sie mich von Kopf bis Fuß auswickeln –
Der große Striptease.
Meine Herren, Damen,

Dies sind meine Hände,
Meine Knie,
Mag ich auch Haut und Bein sein,

Bin ich nichtsdestotrotz dieselbe identische Frau.
Das erste Mal, als es passierte, war ich zehn.
Es war ein Unfall.

Das zweite Mal wollte ich
Es durchhalten und überhaupt nicht zurückkommen.
Ich schaukelte mich zu

Wie eine Muschel.
Sie mußten rufen und rufen
Und die Würmer wie klebrige Perlen
von mir abpflücken.

Sterben
ist eine Kunst, wie alles andere,
Ich bin außergewöhnlich gut darin.

Ich mache es so, daß es wie die Hölle wirkt.
Ich mache es so, daß es wirklich wirkt.
Ich schätze, Sie können sagen, ich habe eine Berufung.

Es ist leicht genug, es in einer Zelle zu tun.
Es ist leicht genug, es zu tun und sich nicht zu bewegen.
Es ist das theatralische

Comeback am hellichten Tag
Zum selben Platz, dem selben Gesicht, dem selben roh
Amüsierten Ruf:

»Ein Wunder!«
Das mich erschlägt.
Da ist ein Preis gesetzt,

Auf das Anhören meines Herzens –
Es geht wirklich.

Und da ist ein Preis, ein sehr hoher Preis,
Für ein Wort oder eine Berührung
Oder ein bißchen Blut

Oder ein Stück meines Haares oder meiner Kleider.
So, so, Herr Doktor.
So, Herr Feind.

Ich bin Ihr Opus,
Ich bin Ihre Wertsache,
Das reine Goldkind,

Das zu einem Schrei schmilzt.
Ich drehe mich und brenne.
Denken Sie nicht, ich unterschätze Ihre große Besorgnis.

Asche, Asche –
Sie stochern und rühren.
Fleisch, Bein, da ist nichts da –

Ein Seifenstück,
Ein Ehering,
Eine Goldfüllung.

Herr Gott, Herr Luzifer,
Nehmen Sie sich in Acht.
Nehmen Sie sich in Acht.

Aus der Asche
Erhebe ich mich mit meinem roten Haar,
Und ich esse Männer wie Luft.

Klaus Mann Nach so vielen Abschieden 1942

»Je suis dégouté de tout« ... Mein Freund René Crevel schrieb diese furchtbaren Worte auf ein Stück Papier, ehe er den Gashahn aufdrehte und, um ganz sicherzugehen, auch noch eine kräftige Dosis Phanodorm schluckte. Das geschah im Sommer des Jahres 1935, etwas über drei Jahre, nachdem mein anderer Herzbruder und liebster Kumpan Selbstmord begangen hatte. Muß mich's ewig mahnen! Es mahnt mich ewig. Ich vergesse viel; aber die Augenblicke, die mich vom Tode eines meiner Lieben unterrichteten, die bleiben mir gegenwärtig. Jedesmal stirbt ein Stück von mir mit; jedesmal fühle ich mich selbst um einen Grad bereiter werden. Nach so vielen Abschieden wird der eigene leicht. Möge ich gehen dürfen, ehe alle teuren Gesichter mir hier entschwunden sind! Ich ließe gern den einen oder anderen zurück, der vielleicht meiner gedächte.
Ich denke an René. Ich gedenke seiner. Ihm zum Gedächtnis schreibe ich diese Zeilen.
Er war reinen Herzens. Seine Augen waren sehr schön, weit geöffnet, von seltsam gemischter Farbe. Er sprach sehr geschwind, mit einem kindlich weichen, etwas zu dicken,

ungeschickten Mund. Er glaubte, seine Eltern zu hassen, besonders seine ehrbare und korrekte Mama. Er war nicht korrekt. Er haßte das Dumme und das Schlechte. Er beklagte sich über das Niederträchtige, obwohl er wissen mußte, daß es das Mächtigste ist – »was man dir auch sage«.

Das Mächtige imponierte ihm nicht. Er war ein Rebell.

Der Rebell fand einen Meister. André Breton, Häuptling der Surrealisten-Clique. Der Surrealismus machte den stolzen und empfindsamen Rebellen nicht glücklich; die konfuse Lehre des Meisters Breton konnte ihn auf die Dauer nicht befriedigen. Während seiner letzten Jahre stand mein Freund den Kommunisten ungefähr ebenso nahe wie den Surrealisten oder vielmehr, er stand zwischen diesen beiden Lagern, die einander aufs erbittertste befehdeten. Einige von Bretons Anhängern und Renés Freunden – vor allem Louis Aragon und Paul Éluard – waren schon zu den Stalinisten übergelaufen. René, der loyale, zögerte noch. Immerhin war er 1935 so weit, daß er kommunistisch geleiteten Organisationen seinen Namen und seine Arbeitskraft zur Verfügung stellte.

Der Schriftsteller-Kongreß »Gegen Krieg und Faschismus«, der im Sommer dieses Jahres in Paris tagte, war ein unzweideutig parteiinspiriertes Unternehmen, obwohl zu den Teilnehmern auch Liberale gehörten. René war nicht nur als Redner vorgesehen, sondern saß auch im vorbereitenden Comité, zusammen mit André Malraux, André Gide und anderen, die damals als Säulen des französischen Kommunismus galten. Nicht so André Breton, der *gegen* die demonstrierenden Schriftsteller, wenn auch nicht gerade *für* Krieg und Faschismus war. Aber *so* pazifistisch war er doch wieder nicht, daß er etwa einer guten Rauferei ausgewichen wäre! Es kam zu einem dramatischen Zusammenstoß zwischen dem Surrealisten-Häuptling und einem Vertreter des Kreml, Genosse Ilja Ehrenburg, wobei beide Teile blutige Nasen davontrugen; ganz Paris lachte über die Farce. Aber René-Vagualame lachte nicht. Vagualame, der reine Tor und mili-

tante Parsival, nahm die Komödie ernst. Er nahm alles ernst, die Poesie und die Revolution, den Surrealismus und den Stalinismus, Breton und Ehrenburg. Er wollte weder die Revolution noch die Poesie verraten.
Beging mein Freund Selbstmord, weil André Breton und Ilja Ehrenburg sich prügelten? Er beging Selbstmord, weil er krank war. Er beging Selbstmord, weil er sich vor dem Wahnsinn fürchtete. Er beging Selbstmord, weil er die Welt für wahnsinnig hielt. Warum begeht man Selbstmord? Weil man die nächste halbe Stunde, die nächsten fünf Minuten nicht mehr erleben will, nicht mehr erleben *kann.* Plötzlich ist man am toten Punkt, am Todespunkt. Die Grenze ist erreicht – kein Schritt weiter! Wo ist der Gashahn? Her mit dem Phanodorm! Schmeckt es bitter? Was tut's? Das Leben hat nicht eben süß geschmeckt. *Je suis dégouté de tout . . .*

Marina Zwetajewa Eisenbahnzug 1923

Nicht Bajonett, – dann Stoßzahn, Schneewehe, Wind.
Zug: Unsterblichkeit, eine Stunde schon.
Ankommen und wissen eins: Station,
Auspacken lohnt nicht.

Auf alles und alles mit gleichgültigen Augen,
die sehen: Ende und Amen
aus dem schwülen Warteraum für Damen
ganz selbstverständlich: Dritter Klasse.

Bei gewärmten Koteletts, erkalteten Backen –
Seele, weiter gehts lieber nicht.
Vielleicht in dem Aufriß von einem Licht
dieser fatalen Fälschung:

Lockenwickler Kinderwindeln
angebrannte Prachtfrisuren
Häubchen Tücher Utensilien
Kölnisch Wasser und Tinkturen
Nähstuben- und Familien-
(kleinwenig!) -glück
kommt auch die Kaffeekanne mit?
Greisinnen Kissen Kuchenstück
Ammen Bonnen Badewanne . . .

Ich will nicht in einer Schachtel Frauenleiber
warten müssen auf die Todesstunde,
will daß der Zug singt, trinkt seine Runde:
Auch Tod ist außerhalb der Klasse.

Verwegenheit, Betäubung, Sinnlosigkeit, Harmonika,
– diese Gottlosen schmiegen sich auch noch an!! –
daß irgendsoein Pilger: »Im Himmel dann . . .«
Ohne abzuwarten sage ich: Besser!

Bahnsteig, Schwellen, den Strauch an der Böschung
fest in der Hand. – Laß los, laß dich fallen.
Schwellen, so viele Lippen, von allen
müde. Ich sehe die Sterne an.

So durch Regenbogen aller Planeten,
die verschwanden. Hat sie einer gezählt?
Aufschaun und sieh eines: Ende.
Bereuen lohnt nicht.

Reinhard Goering Das war nicht mein Stern 1913

Plötzlich ist mir klar geworden: ich bin ja ein sterbender Mann. Lächerlich zu sagen, ich lebe und fühle mich wohl.

Aber warum ist mir alles Lesen, alles Tun unerträglich geworden; warum sehe ich, wie flach, wie unbefriedigend alles ist, was geschrieben, gedacht, getan worden ist. Ich glaube, solange man im Leben drin steht, sieht man das gar nicht.

Faust? Aber auch der! Mehr, mehr! Goethe hat ihn zu sehr, hat ihn übererlöst. Was soll ich denn machen, was soll ich denn tun?! [...]

Leise entgleitet mir das Leben; ich fühle es. Ich sterbe nicht im Taumel, in Unklarheit. Eine ganze Woche der Vorbereitung liegt hinter mir. Was noch zu tun ist, oh, es wird meine Tugend bestätigen. Wie sehne ich mich schon danach, wie verlangend schlägt mein Herz auf seinen letzten Schlag zu, wie erfaßt mich Heiterkeit am Ende.

Ich wollte nichts mehr aufschreiben. Der Band meiner Erfahrungen liegt geordnet und abgeschlossen mit dem letzten Mittwoch im Schrank. Warum strebe ich jetzt, wieder festzuhalten, wo mein Dasein vielleicht nach Stunden abgezählt und bestimmt ist. Oh, so müssen wir wohl alle unseres Schicksals Kreise vollenden. Hier mag denn noch stehen, was ich in Klarheit erkannte. Man hat die Feder geführt, man führt sie weiter. Darin liegt wohl die tiefste Wahrheit.

Mir scheint, es gibt oder es erwacht eine neue Moral; eine Moral des Lebendigen möchte ich sie heißen. Weil ich dagegen sündigte, weil ein ganzes Geschlecht dagegen sündigte, werden wir gerichtet.

Über das Leben zu denken, geziemt nur den Toten. Wir Toten haben nichts abgewiesen, alles aufgenommen, alles durch uns gehen lassen und mit Bedacht Gefahr gesucht. Nichts zeigt besser, daß wir schon tot waren. Des Lebens Heiligstes ist das Versagen.

Über den Wert des Lebens zu denken, ziemt nur den Toten.

Ich liege wie ein aufgeschlagenes Buch vor mir. Worte, gemalte rote Buchstaben, nicht ein einziger Satz! Taten sollten mir meine Größe beweisen, und ich bewies, daß große Taten klein sein können.

Wer mühelos und immer groß ist, das ist ein Mann.
Weiset ab, was euch schädlich ist, zweifelt an allem, aber nicht an euch, suchet das Förderliche, suchet euresgleichen. Der Mann tue sich mit Männern zusammen, der Starke mit den Starken, der Edle mit den Adligen.
Ich war weder groß, noch habe ich gelebt.
Wenn der Herbst kommt, fallen die Äpfel; wenn das Licht ausbrennt, wird Finsternis.
Meine Kraft ist verbraucht, mein Leben aufgezehrt. Ich habe mich verzehrt wie ein Licht und habe vielleicht am Ende noch geleuchtet?
Ein Rätsel! Ein Rätsel noch am Schluß?
Ich fühle mich dahinschwinden und bleibe, um den Augenblick herbeizulocken, die meiste Zeit draußen, wo der Spätherbst meine Einsamkeit mit weiten klaren Ausblicken nährt. Die Waffe trag ich in der Tasche. [. . .]
Es gibt ein Ganzes, in das man hineingehört und das man wissen oder fühlen muß. Ich glaube, ich habe es am Ende erkannt.
Wenn es sich zum Abend neigt, will ich wieder einmal auf jenes große Grasfeld gehen, das mich lockt. Vielleicht, vielleicht dann. Oh, oh. Es dauert schon so lange. Es überdauert sich.
Ich steige auf dem alten Weg empor. Ich weiß, wo ich hingehe; ich habe mir meinen Platz ausgesucht. Wie müde war ich vorhin, und wie ist die Kraft in mich gekommen zu diesem Gang. An einer Bank komme ich vorbei, die im beginnenden Dunkel vor einem hohlen Feld einsam am Hange steht. Auf dieser Bank saß ich einmal vor fünf Jahren. Es war an einem Sonntag vor Weihnachten, und ich fühlte mich so allein, während man sich unten in den Straßen vor den erleuchteten Schaufenstern drängte. Es war warm, der Schnee geschmolzen, und der Acker lag tiefsammetschwarz vor mir und verschluckte alles, Licht, Geräusch, Wind. Und ich hatte eine Vision, es war mir – Pfui, fort! Hinunter damit in die Vergangenheit! Die Stunde, die Stunde erfülle mich.

Weiter.
Eine andere Bank. Hier habe ich einmal – – – Weg, weg! Ist es die höllische Passion mit ihren Stationen, die mich noch verfolgt? Weiter!
Ich fühle, es wird mir leichter werden, aber ein unbestimmter Schmerz sitzt noch in mir. Ich glaube, ich bin mit ihm geboren, und er hat weiter keinen Grund als mich. Ich glaube, es war der Schmerz des Benachteiligten, der noch das Glück verbittert. Weiter!
Noch eine Bank. Hier lasse ich mich nieder. Ah, es ist die, auf der ich einmal saß, als ich von einem Dorf, ich glaube, es hieß Neufeld, und es ist lang, lang her, zurückkam, wo ich ein Kind – –
Warum verfolgen mich jetzt die Erinnerungen noch!
Es ist dieselbe Aussicht. Ich schwitze und bin müde: ich möchte einschlafen. Halt, halt. Will ich ein paar von diesen Stunden verschlafen, soll ich ein paar von diesen Stunden verlieren? Nicht schlafen, nein! [. . .]
Ich bin frei, wie man von einem Körper frei ist, den man ganz gehabt hat. Könnte einer sich selbst ganz haben, er wäre sich los.
Ich habe das Leben ganz gehabt. Weiter. Welch eine Seligkeit, wie über alle Maßen schön das Ende. Ich möchte meine Hände ins Licht auf einen Tisch legen und zu ihnen sprechen: Arme, arme Hände, in euren Gelenken so leicht, so schön in euren Linien, so weich im Greifen, im Halten so grausam. Meine flinken Kinder, jetzt habt ihr Ruh. Bleibt liegen und schlaft, jetzt ist das Greifen aus. Schlaft, schlaft. Frage ich euch, warum habt ihr gespielt, gepackt, gestreichelt und weh getan? Um zu schlafen, um zu schlafen, um zu schlafen, könntet ihr antworten.
Weiter.
Ich weiß nicht, wohin ich schreite, aber ich gehe recht, das weiß ich genau.
Ich falle an einem Baum, ich schlage ins Gesträuch hin und bleibe liegen. Was halte ich da in meinen Händen? Knospen,

heimliche Knospen! Und Winter ist's!

Oh, oh, wie schwer ist es mir plötzlich. Es lag nur an einem kleinen Fehler; es war alles so eingerichtet, daß es stolz unter der Sonne aufsteigen sollte. Aber ein kleines hat gefehlt.

Und die anderen! Wie sie es hochtrieben, wie alles gelang, und wie sie leben werden, fünf Jahre, zehn Jahre. Sie verstehen zu leben.

Nein, nein, ich stehe nicht von hier auf. Ich gehe nicht weg. Jetzt hält mich die Erde wieder, und wenn ich mich noch einmal erhebe – –, dann – – bin ich schon fort.

Erde, Erde, wie süß, mit dir zu altern. Aber du bleibst jung; du betrügst uns, du überlebst uns alle. Wenn du einmal alt wirst, ich möchte wissen, was für einen Bart du dann hast. Ja, das möchte ich wissen.

Bin ich am Schreiten? Steh, steh! Ich setze Bein vor Bein. Es ist entschieden.

Ah, ein Wind erhebt sich. Ah, wie rauscht es plötzlich im Wald! Ah, in schwarzen Wolken irren Lichtblitze. Ah, es stürmt, ah, es braust, ah, es wirbelt. Herz, mein Herz, was für ein wilder Schlag!

Ich habe meinen Hut verloren, ich habe den Kragen aufgerissen. Weiter, weiter.

Da lichtet sich der Wald, da liegt die Hochebene, Ginster, Dornen und armselig hartes Gras. Und der Himmel reicht hinab bis an ihren Rand. Sie schwimmt im Himmel. Sie schwimmt in den Himmel.

Was ist? Der Wind ist erstorben, der Sturm hat sich plötzlich gelegt. Stille auf einmal.

Ich setze den ersten Fuß auf die Fläche, und nun bin ich schon am Gehen.

Ja, es ist ganz windstill, stille, stille Nacht. Und ich tauche in diese weite Grasfläche unter, sie hat mich schon verschluckt. Und ich weiß, der Wald hinter mir wird kleiner und kleiner und schließlich ist er ganz verschwunden.

Ich habe Angst, furchtbare Angst. Ich kann nicht mehr zurück. Und der Wind schläft, der Wind ist eingeschlafen.

Geister, Gespenster. War das ein Mensch, war das ein Mann? Nein, ich habe nichts gesehen.
Ich sitze am Boden. Ich bin in der Mitte des Feldes, ich habe geschlafen. Es ist Nacht. Vor mir steht leuchtend ein Stern unter den anderen Sternen. Das war nicht mein Stern, dieser.
Wann, wann, ach, wann?
Ich weiß nicht, was mich erfaßt hat; ich habe mein Taschenbuch hervorgeholt und beim Glanz der Nacht dieses aufgeschrieben. Und ich werde schreiben und schreiben bis zum Ende.
Wann? Wann? Ich warte!
Cela va bien, mon cher. Cela va bien, cela va bien. Je vais bien, je vais mourir, je vais mourir, je vais mourir. Rien que cela, rien que cela, rien que cela.
Oui, oui, oui, oui. Non, non, non, non.
Est-ce vrai?
Der Wind erhebt sich wieder. Sturm, plötzlich Sturm, Wirbelwind. Sturm, o Sturm. Es pfeift in den Himmeln, es haucht kalt durch die Sphären, ein Krachen, ein Krachen, Sturm, Sturm, Leuchten am Himmel, ein Krachen, ein Krachen.
Das ist das Zeichen!
Das ist das Zeichen!

Sergej Jessenin Der schwarze Mann **1926**

Mein Freund, mein lieber Freund!
Ich bin sehr, sehr schwer krank.
Ich ahne nicht, woher der Schmerz in mich gedrungen.
Ob der Wind weht über dem öden, menschenleeren Feld,
Ob der Alkohol mein müdes Hirn vergiftet.
Mein Kopf schlägt mit den Ohren,
Wie ein Vogel mit seinen Schwingen . . .

Der schwarze Mann, der schwarze, schwarze,
Der schwarze Mann
Sitzt an meinem Bett.
Der schwarze Mann läßt mich nicht schlafen die ganze Nacht.

Der schwarze Mann
Gleitet mit dem Finger über das schreckliche Buch
Und liest mit falscher Stimme,
Wie ein Mönch über einem Toten,
Mir mein Leben vor.

Irgendwo klagt ein böser Vogel.
Hölzerne Reiter streuen Lärm von hölzernen Hufen.
Da setzt sich der schwarze Mann an meinen Bettrand
Und lüftet böse lächelnd den Zylinder . . .

Ich weiß nicht, ich kann mich nicht entsinnen . . .
In einem kleinen Dorf, war's in Kaluga, war's in Rjasan,
Lebte ein Knabe in einfacher Bauernhütte.
Gelblockig, mit seeblauen Augen.
Und da wurde er groß . . . und ein großer Dichter . . .

Schwarzer Mann! Du bist ein widerlicher Gast!
Das hat man immer von dir gehört!
Ich bin empört und erregt.
Und mein Stock fliegt dir gerade
In die widerliche Fratze.

Der Mond ist erloschen.
Bläulich dämmert der Morgen.
O du Nacht, was hast du mir angetan!?
Ich stehe im Zylinder.
Keiner ist bei mir.
Ich bin allein . . . und der zerbrochene Spiegel . . .

Ihr Vater hat eine geladene Pistole auf seinem Nachttisch. Ob er auch schon einmal daran gedacht hat, sich zu töten? Sie ahnt, daß es keinen Menschen gibt, der nicht schon an seinen Tod gedacht hat.
Und *Er*? Mit seinen zwei verschiedenen Gesichtern? Mit seinem strahlenden, glücklichen Lächeln, wenn er die kleinen Kinder betrachtet, die sich in seiner Gegenwart wie an der Sonne wärmen. Und sein Gesicht des tiefen Ernstes, wenn er die schwarzen Augen schließt und ganz bewegungslos in der Sonne liegt. Ob er glücklich ist? Gewiß nicht! Ob es überhaupt glückliche Menschen gibt? Wie viele in der riesigen Welt stehen jetzt an ihren Fenstern und denken daran, sich hinauszustürzen? Ein heißes Mitleid mit den Menschen, den Tieren und mit sich selbst überströmt sie. Sie schreit vor Weinen. Erschrocken stopft sie sich ein Taschentuch in den Mund, aus Angst, daß man sie hören könnte. Sie will niemanden sehen. Selbst, wenn jetzt ihre Mutter und ihr Bruder kommen würden, um sich bei ihr zu entschuldigen, für das Leid, das sie ihr angetan haben – sie würde nicht die Türe öffnen. Sie würde ihnen nicht verzeihen. Langsam wird es dunkel. Langsam beruhigt sie sich wieder. Die Tränen hören auf zu fließen. Sie nimmt die Siegellackkugel in die Hand und denkt daran, daß niemand weiß, was sich darin befindet. Wenn man sie am nächsten Morgen tot finden wird, wird man sich fragen, was diese Kugel bedeutet.
Sie schließt die Schublade ihres Schreibtisches auf und nimmt die Zeichnungen heraus. Sie will nichts hinter sich lassen, was ihre Liebe verraten könnte. Es tut ihr ein bißchen leid, diese Porträts zu verbrennen, aber es muß sein. Vielleicht wird man sie mit ihrem Amulett um den Hals begraben. Sie nimmt ihren schönsten Pyjama aus dem Schrank und zieht ihn an. Zum letztenmal bewundert sie sich im Spiegel. Sie stellt sich vor, wie sie unten auf der Erde

aufprallen wird und wie ihr schöner Pyjama voll Blut und Erde sein wird.

Es wird eine Totenstille auf dem Friedhof sein, und die Menschen werden einander schuldbewußt anblicken: wißt ihr nicht, daß sich hier ein Kind aus Liebe getötet hat? Und die Eltern werden von diesem Tage an viel milder und liebevoller mit ihren Kindern umgehen, damit ihnen nicht das gleiche Schicksal widerfährt. Und sie denkt an den schmalen, harten Sarg, in dem sie sich nicht ausbreiten kann wie in ihrem weichen Bett. Wie ein Soldat, so gerade ausgerichtet muß sie darin liegen. Und wenn sie sich bei ihrem Sturz nur verletzt und gerettet wird?

Vielleicht bleibt sie für ihr Leben lang gelähmt?

Sind zwei Etagen hoch genug, um sich zu Tode zu stürzen? Soll sie aus ihrem Zimmer schleichen und auf den Dachboden steigen? Vielleicht ist es sicherer, wenn sie sich vom Dachboden herabstürzt? Schreckliche Komplikationen!

Aber sie hat nicht den Mut, ihr Zimmer zu verlassen. Es könnte ihr jemand im Hause begegnen ...

Sie möchte schön aussehen, wenn sie tot ist. Sie möchte, daß man sie bewundert: nie hat man ein schöneres totes Kind gesehen.

Jetzt ist es fast dunkel im Zimmer. Nur das ferne Licht einer Straßenlaterne scheint schwach ins Fenster. Jetzt ist es ihr gleich, ob sie »auf fremder Erde« stirbt oder in ihrem Garten. Sie steigt auf das Fensterbrett, hält sich an der Schnur des Fensterladens fest und betrachtet noch einmal ihr schattenhaftes Bild im Spiegel. Sie findet sich reizend, und eine Spur von Bedauern mischt sich in ihre Entschlossenheit. »Vorbei«, sagt sie leise und fühlt sich schon tot, ehe sie mit ihren Füßen das Fensterbrett verläßt. Sie fällt auf den Kopf und bricht sich den Hals. Ihr kleiner Körper liegt seltsam verzerrt im Gras. Der erste, der sie findet, ist der Hund. Er steckt den Kopf zwischen ihre Beine und beginnt sie zu lecken. Als sie sich gar nicht bewegt, beginnt er leise zu winseln und legt sich neben sie ins Gras.

Anne Sexton Sterben wollen 1974

Da du fragst, an die meisten Tage kann ich mich nicht erinnern.
Ich gehe in meinen Kleidern, ohne Hinweis auf diese Reise.
Dann kommt die beinahe namenlose Lust zurück.

Auch dann habe ich nichts gegen das Leben.
Ich kenne die Grashalme gut, von denen du sprichst,
die Möbel, die du in der Sonne begutachtet hast.

Aber Selbstmörder haben eine eigene Sprache.
Wie Zimmerleute wollen sie wissen *welches Werkzeug.*
Sie fragen niemals, *warum bauen.*

Zweimal habe ich mich ganz einfach erklärt,
habe den Feind in Besitz genommen, den Feind gegessen,
mir seine Kunstgriffe, seinen Zauber angeeignet.

Schwerfällig und in mich versunken;
wärmer als Öl und Wasser
so habe ich gelegen, aus dem Mundwinkel der Speichel.

Beim Einstich der Nadel habe ich nicht an meinen Körper gedacht.
Sogar die Netzhaut und der Rest Urin waren vergessen.
Selbstmörder haben schon immer ihren Körper betrogen.

Tot-geboren, sterben sie nicht immer,
jedoch betäubt können sie die Droge nicht vergessen,
sie ist so süß, selbst ein Kind würde lächeln, wenn es sie sieht.
All das Leben deine Gurgel hinunterzujagen! –
Das allein wird zur Leidenschaft.
Tod ist ein trauriger Knochen, Trümmerbruch, würdest du sagen,

und doch wartet er auf mich, jahraus, jahrein,
um überaus zartfühlend eine alte Wunde zu öffnen,
meinen Atem aus seinem Zuchthaus zu holen.

In Ruhestellung begegnen dort Selbstmörder manchmal einander,
giften sich über die Frucht, einen aufgeblasenen Mond,
Brot lassen sie zurück, das sie für einen Kuß gehalten haben,

lassen die Seite eines Buches achtlos offen,
etwas bleibt ungesagt, der Hörer von der Gabel
und die Liebe, wie sie auch war, eine Ansteckung.

IV
Entfernungen

Alfred Wolfenstein Exodus 1940

In den Winkel einer Welt geworfen,
Jäh, vom Fußtritt eines dunklen Sieges,
Mit Millionen und allein geworfen
An die Ränder einer Welt des Krieges,

Mit der Flucht des ganzen Volkes fliehend,
Bis zum Fluß Loire – gesprengt die Brücken,
Durch den brückenlosen Wahnsinn ziehend,
Feuer vor uns, über uns, im Rücken,

Stolpernd über Stadt und Dorf in Scherben,
Durch das Juniland, zu Staub zerrieben,
Den Befehl im Ohr: hier sollst du sterben –
Immer noch den Wunsch im Sinn: zu lieben –

Hier, wo Liebe rings sich läßt zertreten,
Wo vorüberrast der Tank Geschichte,
Wo zur neuen Allmacht Bomben beten:
Schau ich über Flieger hin – zum Lichte –

Sonne! irr im Kreis stockt meine Reise
Du wirst leuchten auch im neuen Frieden,
Irrst dich nicht in deinem großen Kreise,
Leuchtest jedem neuen Krieg hienieden –

Fremde Sonne, laß mit dir noch sprechen,
Fern von allen allen mir Vertrauten,
Sonst will nichts das wilde Schweigen brechen,
Nur der Feind spricht hier in Mutterlauten.

Dennoch schwebt ein Atmen hier – ein Hallen –
Weither – nahe – sind es meine Lieben?
O die Flut in diesen Jahren allen
Hat uns voneinander abgetrieben –

Kurt Tucholsky Abschiedsbrief an Mary Gerold-Tucholsky **19. Dezember 1935**

Der Autor versucht, seine Wertschätzung für Mary Gerold-Tucholsky durch die männliche Anrede zu unterstreichen

Sollte Er verheiratet oder ernsthaft gebunden sein, so bitte ich Ihn, diesen Brief ungelesen zu vernichten. Ich mag mich nicht in ein fremdes Glück drängen – ich will ja nichts. Ich habe nichts zu enthüllen, nichts zu sagen, was Er nicht besser wüßte als ich. Ich habe Ihn nur um Verzeihung bitten wollen. Verspricht also zu verbrennen, wenn das so ist – es soll nichts mehr aufgerührt werden.
Wünscht Ihm das Glück N.

Liebe Mala,
will Ihm zum Abschied die Hand geben und Ihn um Verzeihung bitten für das, was Ihm einmal angetan hat.
Hat einen Goldklumpen in der Hand gehabt und sich nach Rechenpfennigen gebückt; hat nicht verstanden und hat Dummheiten gemacht, hat zwar nicht verraten, aber betrogen, und hat nicht verstanden.
Ich weiß, daß Er nicht rachsüchtig ist. Was er damals auf der Rückfahrt nach Berlin durchgemacht hat; was späterhin gewesen ist –: ich habe es reichlich abgebüßt. Ganz klar, so klar wie das Abbild in einem geschliffenen Spiegel, ist mir das ganz zum Schluß geworden. Nun kommt alles wieder, Bilder, Worte [. . .] und wie ich Ihn habe gehen lassen – jetzt, wo alles vorüber ist, weiß ich: ich trage die ganze, die ganze Schuld.

[. . .] Und jetzt sind es beinah auf den Tag sieben Jahre, daß weggegangen ist, nein, daß hat weggehn lassen – und nun stürzen die Erinnerungen nur so herunter, alle zusammen. Ich weiß, was ich in Ihm und an Ihm beklage: unser ungelebtes Leben.
Wäre die Zeit normal (und ich auch), so hätten wir jetzt ein Kind von, sagen wir, 12 Jahren haben können, und, was mehr ist, die Gemeinsamkeit von Erinnerungen.
Hat nicht mehr zu rufen gewagt. Hofft, daß Er meiner Bitte auf dem Umschlag entsprochen hat – das andere wäre nicht schön. Ich darf also annehmen, daß, wenn Er dies liest, er nicht ein Glück stört, das ich mir nicht habe verdienen können.
Nein, zu rufen hat nicht mehr gewagt. Ich habe aus leicht begreiflichen Gründen niemals irgendwelche »Nachforschungen« angestellt; ob Er verheiratet ist, hätte man mir sagen können – das andere nicht. Und hat vor allem nicht gewagt, weil Ihn nun noch ein zweites Mal aus der Arbeit und allem nicht hat herausreißen dürfen –: ist krank und kann sich nicht mehr verteidigen, geschweige denn einen andern. Mir fehlt nichts Wichtiges und nichts Schweres – es sind eine Reihe kleiner Störungen, die mir die Arbeit unmöglich machen. Ins Elend, das sicher gewesen wäre, konnte Ihn nicht herausrufen – ganz abgesehen davon, daß ich niemals gehofft habe, ob gekommen wäre. Doch. Hat gewußt.
Wäre Er jetzt gekommen, Er hätte nicht einen andern, aber einen verwandelten, gereifteren gefunden. Ich habe über das, was da geschehen ist, nicht eine Zeile veröffentlicht – auf alle Bitten hin nicht. Es geht mich nichts mehr an. Es ist nicht Feigheit – was dazu schon gehört, in diesen Käseblättern zu schreiben! Aber ich bin au dessus de la mêlée, es geht mich nichts mehr an. Ich bin damit fertig.
Und so viel ist nun frei geworden, jetzt, jetzt weiß ich – aber nun nützt es nichts mehr. Hat anfangs Dummheiten gemacht, den üblichen coup de foudre für 2.50 francs, halbnö-

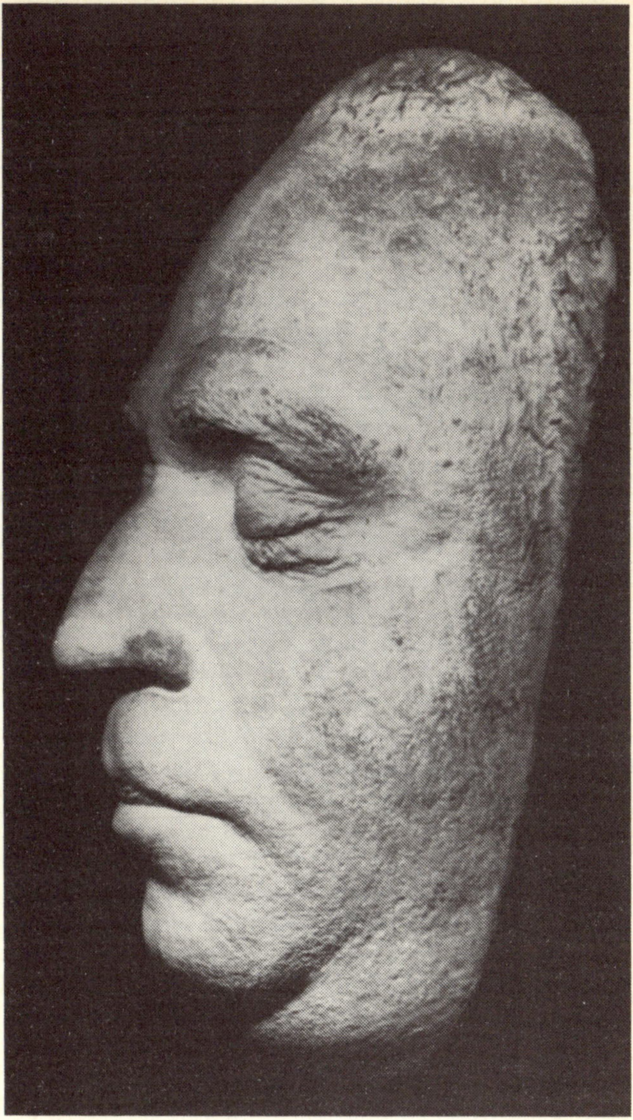

tige Sachen und hat auch gute Freundschaften gehabt. Aber ich sehe mich noch nach Seiner Abfahrt im Parc Monceau sitzen, da, wo ich mein Paris angefangen habe – da war ich nun »frei« – und ich war ganz dumpf und leer und gar nicht glücklich. Und so ist es denn auch geblieben.

Seine liebevolle Geduld, diesen Wahnwitz damals mitzumachen, die Unruhe, die Geduld, neben einem Menschen zu leben, der wie ewig gejagt war, der immerzu Furcht, nein, Angst gehabt hat, jene Angst, die keinen Grund hat, keinen anzugeben weiß – heute wäre sie nicht mehr nötig. Heute weiß. Wenn Liebe das ist, was einen ganz und gar umkehrt, was jede Faser verrückt, so kann man das hier und da empfinden. Wenn aber zur echten Liebe dazu kommen muß, daß sie *währt*, daß sie immer wieder kommt, immer und immer wieder –: dann hat nur ein Mal in seinem Leben geliebt. Ihn.

[. . .] Hat eine lächerliche »Freiheit« auf der andern Seite vermutet, wo ja in Wahrheit gar nichts ist. Hat immer stiller und stiller gelebt, jetzt ist wie an den Strand gespült, das Fahrzeug sitzt fest, will nicht mehr.

Will Ihn nur noch um Verzeihung bitten.

Ich bin einmal ein Schriftsteller gewesen und habe von S. J. (Siegfried Jacobsohn) geerbt, gern zu zitieren. Wenn Er wissen will, wie sich das bei den Klassikern ausnimmt, so lies den Abschiedsbrief nach, den Heinrich von Kleist an seine Schwester geschrieben, in Wannsee, 1811. Und vielleicht auch blättere ein bißchen im »Peer Gynt« herum, ich weiß nicht, ob wir das Stück zusammen gesehen haben, es ist nicht recht aufführbar. Da kraucht der Held gegen den Schluß hin im Wald herum, kommt an die Hütte, in der dieses Schokoladenbild, die Solveig, sitzt, und sie singt da irgend etwas Süßliches. Aber dann steht da: »Er erhebt sich – totenbleich« – und dann sagt er vier Zeilen. Und die meine ich.

»O – Angst« . . . nicht vor dem Ende. Das ist mir gleichgültig, wie alles, was um mich noch vorgeht, und zu dem ich

keine Beziehung mehr habe. Der Grund zu kämpfen, die Brücke, das innere Glied, die raison d'être fehlt. Hat nicht verstanden.
Wünscht Ihm alles, alles Gute – und soll verzeihen.
Nungo

Carl Einstein Tagebuch 18. Februar 1933

ich sehe, im̄er mehr werde ich allein sein.
jude, deutschsprechend, in frankreich, jude ohne gott und ohne kenntnis unserer vergangenheit, deutschsprechend, doch gewillt die deutsche sprache nicht wie meine Landsleute und gleichzungigen faul und müde versacken zu lassen. in frankreich, d i ohne Leser. ich werde jetzt jeden tag mich kurz mit mir unterhalten; denn seit langem bin ich von gleichsprachigen menschen und buechern gaenzlich abgeschnitten, nie werde ich in französischer Dichtung zu hause sein; denn ich träume und sinniere deutsch. Also nun bin ich durch Hitler zu voelliger Heimatlosigkeit und fremdheit verurteilt.
dies ist gefahr: meine dichtung steht kaum in zusammenhang mit heutiger deutscher dichtung; meine figuren dagegen sind schaerfer und aggressiver als die der deutschen. mein denken und sprechen will revolutionär sein, soweit es den unmittelbaren menschen angeht. dichtung als verwandlung und nicht als bewahren von typen, erlebnisarten und zustaenden.
der tod meister der verwandlung; die leere gebärt uns, die große luecke, worin der mensch sein elementares einfuegen kann, so wie in den schlaf. so sind nur tod und schlaf die einzigen fluchtwege des menschen, sich selbst zu realisieren.
wo die menschen wueste hingeleert
bin ich zu hause
dort – ungestoert
lichte ich voll auf.

mein mond samt gläsern ueber sandige fläche
in unfruchtbare kiesel
schreckenhaften vergehens.
in den schlafenden
berge ich mein gehetztes
und traeume ihm
die starre zum
nahen leben.
hier beschlaeft er sich ein
[l]astendes geschick
und seine schlummernde sohle
wandert in
so menschlichen wahnsinn
kreisend
unter der schreienden Peitsche
Des Daseins.

Stefan Zweig An Friderike Zweig

Petropolis, 18. Februar 1942

Liebe Friderike,
ich habe Dir nichts anderes zu sagen als die freundlichsten Gedanken. Wir hatten nun den phantastischen Karneval in Rio, aber solche Festlichkeiten sind mir jetzt doch ganz fremd, ich bin stärker deprimiert denn je. Es wird keine Rückkehr zu den Dingen von ehedem geben, und was uns erwartet, wird uns niemals mehr bieten können als jene früheren Zeiten. Ich arbeite weiter, aber nur mit einem Viertel meiner Kraft; es ist eher ein Weitermachen aus alter Gewohnheit als wirkliches Schaffen. Man muß überzeugt sein, wenn man überzeugen will, Begeisterung haben, um andere zu begeistern, und wie soll ich sie jetzt finden! Alle meine besten Gedanken sind bei Dir und ich hoffe, die Kinder finden eine gute Arbeitsmöglichkeit und kommen

vorwärts. Sie werden noch die bessere Welt sehen nach dieser jetzigen. Ich hoffe, daß Du guten Mutes bist und ganz gesund und daß New York mit seiner Vielfalt Dir wenigstens von Zeit zu Zeit etwas von seinem künstlerischen Reichtum abgibt – hier habe ich nur die Natur und Bücher, alte Bücher, die ich lese und immer wieder lese.
Immer Dein Stefan

Petropolis, 22. Februar 1942

Liebe Friderike,
wenn Du diesen Brief erhältst, werde ich mich viel besser fühlen als zuvor. Du hast mich in Ossining gesehen, und nach einer guten und ruhigen Zeit verschärfte sich meine Depression – ich litt so sehr, daß ich mich nicht mehr konzentrieren konnte. Und dann die Gewißheit – die einzige die wir hatten – daß dieser Krieg noch Jahre dauern wird, daß es endlose Zeit brauchen wird, ehe wir, in unserer besonderen Lage, wieder in unserem Haus uns niederlassen können, war zu bedrückend. Petropolis gefiel mir sehr gut, aber ich hatte nicht die Bücher, die ich brauchte, und die Einsamkeit, die erst so beruhigend wirkte, fing an niederschlagend zu wirken – der Gedanke, daß mein Hauptwerk, der Balzac, nie fertig werden könnte ohne zwei Jahre in ruhigem Leben und mit allen Büchern, war sehr hart, und dann dieser Krieg, der seinen Höhepunkt noch nicht erreicht hat. Ich war für all das zu müde. Du hast Deine Kinder und damit eine Pflicht zu erfüllen, Du hast weitreichende Interessen und eine ungebrochene Aktivität. Ich bin sicher, Du wirst die bessere Zeit noch erleben und Du wirst mir recht geben, daß ich mit meiner »schwarzen Leber« nicht mehr länger gewartet habe. Ich schicke Dir diese Zeilen in den letzten Stunden, Du kannst Dir nicht vorstellen, wie froh ich mich fühle, seit ich diesen Entschluß gefaßt habe. Gib den Kindern meine lieben Grüße und beklage mich nicht – denke an den guten Joseph Roth und Rieger, wie froh ich immer war, daß sie diese Prüfungen nicht zu überstehen hatten.

Alles Liebe und Freundschaftliche und sei guten Mutes, weißt Du doch, daß ich ruhig und glücklich bin.
Stefan

Bertolt Brecht Zum Freitod des Flüchtlings W. B. 1941

Ich höre, daß du die Hand gegen dich erhoben hast
Dem Schlächter zuvorkommend.
Acht Jahre verbannt, den Aufstieg des Feindes beobachtend
Zuletzt an eine unüberschreitbare Grenze getrieben
Hast du, heißt es, eine überschreitbare überschritten.

Reiche stürzen. Die Bandenführer
Schreiten daher wie Staatsmänner. Die Völker
Sieht man nicht mehr unter den Rüstungen

So liegt die Zukunft in Finsternis, und die guten Kräfte
Sind schwach. All das sahst du
Als du den quälbaren Leib zerstörtest.

V
Endzeiten

Cesare Pavese Tagebuch 1950

1. Januar

Rom ist ein Klub von kräftigen jungen Männern, die warten, um sich die Schuhe putzen zu lassen.

Morgendlicher Spaziergang. Schöne Sonne. Aber wo sind die Eindrücke von 45–46? Mit Mühe die Stichworte wiedergefunden, aber nichts Neues.

Rom schweigt. Weder die Steine noch die Bäume sagen mehr etwas Rechtes. Ein erstaunlicher Winter; unter dem prikkelnden hellen Himmel die Beeren von *Leucò*. Die übliche Geschichte. Auch der Schmerz, der Selbstmord schafften Leben, Staunen, Spannung. Im Grunde hast du in den großen Zeiten immer Versuchung zum Selbstmord verspürt. Du *hattest dich hingegeben*. Du hattest den Panzer abgelegt. Du warst Knabe. Die Idee des Selbstmords war ein Bekenntnis zum Leben. Daß ich jetzt nicht mehr sterben will – was für ein Tod! [. . .].

9. Januar

Die maßlose Leidenschaft für die natürliche Magie, für das Wilde, für die dämonische Wahrheit von Bäumen, Wassern, Felsen und Landstrichen ist ein Zeichen von Furchtsamkeit, von Flucht vor den Pflichten und Verpflichtungen der Welt der Menschen.

Da der mythische Anspruch, die Wirklichkeit der Dinge zu empfinden, fest bleibt, braucht es Mut, mit denselben Augen die Menschen und ihre Leidenschaften zu betrachten. Aber es ist schwierig, es ist unbequem – die Menschen haben nicht die Festigkeit der Natur, ihre weite Deutbarkeit, ihr Schweigen. Die Menschen kommen uns entgegen, wobei sie sich aufdrängen, sich bewegen, sich ausdrücken. Du hast auf mannigfaltige Arten versucht, sie zu Stein zu machen – indem du sie in ihren natürlichsten Momenten isoliertest, sie in die Natur eintauchtest, sie auf Schicksal beschränktest. Und doch reden und reden deine Menschen – in ihnen kämpft der Geist, taucht an die Oberfläche. Dies ist deine Spannung. Aber du erträgst diesen Geist, du möchtest ihn nie von dir aus finden. Du strebst nach der natürlichen Unbeweglichkeit, nach dem Schweigen, dem Tode. Aus ihnen hochwertige Mythen machen, ewige, unberührbare, die doch einen Zauber auf die historische Wirklichkeit werfen und ihr einen Sinn geben könnten, einen Wert.

14. Januar

Überdruß am Getanen an den *opera omnia*. Gefühl von Kränklichkeit, von körperlichem Verfall. Bogen, der sich neigt. Und das Leben, die Liebesleidenschaften – wo sind sie gewesen? Ich bewahre einen Optimismus: ich klage nicht das Leben an, ich finde, die Welt ist schön und würdig. Aber ich falle. Was ich getan habe, habe ich getan. Möglich? Sehnsucht, heftige Begierde, qualvolles Streben, zu packen, zu beißen, zu tun. Werde ich noch dahin gelangen?

23. März

Die Liebe ist wirklich die große Bestätigung. Man will *sein*, man will *zählen*, man will – wenn man sterben muß – sterben mit Wert, mit Geschrei, kurz – *bleiben*. Und doch ist immer mit ihr verbunden der Wille, zu sterben, sich in sie zu verlieren: vielleicht, weil sie so übermächtig Leben ist, daß, wenn wir uns in sie verlieren, das Leben noch mehr würde bestätigt sein?

25. März

Man tötet sich nicht aus Liebe für *eine* Frau. Man tötet sich, weil eine Liebe, irgend eine Liebe, uns in unserer Nacktheit enthüllt, in unserm Elend, unserer Wehrlosigkeit, unserm Nichts. [...]

8. Mai

Die Kadenz des Leidens hat begonnen. Jeden Abend, beim Dunkelwerden, Druck auf dem Herzen – bis zur Nacht.

10. Mai
Mir wird nach und nach klar, daß es, auch wenn sie zurückkommt, sein wird, als wäre sie nicht da. »I'll never forget you« – das sagt man zu dem, den man loslassen will.
Im übrigen – wie habe denn ich mich betragen mit denen, die mich bedrückten, die mich langweilten – die ich nicht wollte? Genau so.
Die Geste – die Geste – es darf nicht eine Rache sein. Es muß ein stiller, müder Verzicht sein, eine Abschlußrechnung, eine private, rhythmische Tat. Der letzte Satz im Dialog.
13. Mai
Im Grunde, im Grunde, im Grunde – habe ich etwa dieses außergewöhnliche Abenteuer, diese unerhoffte, zauberhafte Sache nicht im Fluge erhascht, um mich wieder in meinen alten Gedanken zu werfen, in meine alte Versuchung – um einen Vorwand zu haben, wieder daran zu denken . . .?
Liebe und Tod – *dies* ist ein archaischer Grundtyp.
16. Mai
Jetzt überflutet der Schmerz auch den Morgen.
27. Mai
Die Glückseligkeit des Jahres 48–49 ist ganz abbezahlt. Hinter jener olympischen Befriedigtheit war dies – die Impotenz und die Weigerung, mich zu verpflichten. Jetzt bin ich auf meine Art in den Strudel geraten: ich betrachte meine Impotenz, ich spüre sie in den Knochen, und ich habe mich verpflichtet an eine politische Verantwortlichkeit, die mich erdrückt. Die Antwort ist nur die eine: Selbstmord.
16. August
Liebe, vielleicht bist du wirklich die Beste – die Wahre. Aber ich habe nicht mehr die Zeit, es dir zu sagen, es dich wissen zu lassen – und dann, auch wenn ich könnte, bleibt die Probe, die Probe, der Bankrott.
Heute sehe ich klar, daß ich von meinem 28. Jahr bis heute immer unter diesem Schatten gelebt habe – mancher würde sagen: ein Komplex. Mag er es sagen: es ist etwas sehr viel Einfacheres.

Auch du bist der Frühling, ein eleganter, unglaublich süßer und schmiegsamer Frühling, süß, frisch, flüchtig – verderbt und gut – »eine Blüte vom süßesten Tale des Po«, würde sagen – ich weiß nicht wer.

Und doch bist auch du nur ein Vorwand. Schuld ist, außer mir selbst, nur die »unruhig Angstvolle, die still für sich lächelt«.

Warum sterben? Ich bin nie so lebendig gewesen wie jetzt, nie so sehr *Jüngling*.

Nichts vollendet sich für den Rest, für die Vergangenheit. Wir beginnen immer neu.

Man kann einen Nagel mit dem andern herausschlagen. Aber vier Nägel machen ein Kreuz.

Meine öffentliche Rolle habe ich gespielt – so gut ich konnte. Ich habe gearbeitet, habe den Menschen Dichtung gegeben, habe die Nöte vieler geteilt.

17. August

Selbstmörder sind furchtsame Mörder. Masochismus statt Sadismus.

Die Freude, mich nach zwei Monaten Kerker zu rasieren – mich selbst zu rasieren, vor einem Spiegel, in einem Gasthofzimmer, und draußen war das Meer.

Es ist das erste Mal, daß ich von einem noch nicht beendeten Jahr den Abschluß mache.

In meinem Handwerk also bin ich König.

In zehn Jahren habe ich alles getan. Wenn ich an das Schwanken von damals denke!

In meinem Leben bin ich verzweifelter und verlorener als damals. Was habe ich zustande gebracht? Nichts. Ich habe ein paar Jahre meine Schäden ignoriert, habe gelebt, als existierten sie nicht. Ich bin stoisch gewesen. War es Heroismus? Nein, es hat mich keine Mühe gekostet. Und dann, beim ersten Ansturm der »unruhig Angstvollen«, bin ich wieder in den Flugsand gefallen. Seit März schlage ich mich damit herum. Namen sind nicht wichtig. Sie sind nichts weiter als Schicksalsnamen, Zufallsnamen – wenn es nicht

diese waren, waren es dann nicht andere? Es bleibt, daß ich jetzt weiß, welcher Triumph mein höchster ist – und zu diesem Triumph fehlt das Fleisch, fehlt das Blut, fehlt das Leben.
Ich habe auf dieser Erde nichts mehr zu wünschen außer jener Sache, die fünfzehn Jahre Bankrott nunmehr ausschließen. Dies der Abschluß des nicht beendeten Jahres, das ich nicht beenden werde.
Du staunst, daß die andern neben dir hergehen und es nicht wissen, wo doch du neben so vielen hergehst und nicht weißt, nicht dich interessierst, was ihre Pein ist, ihr geheimer Krebs!
18. August
Die im Geheimsten gefürchtete Sache geschieht immer.
Ich schreibe: o Du, habe Mitleid. Und dann?
Es genügt ja ein wenig Mut.
Je bestimmter und genauer der Schmerz ist, umso mehr schlägt der Instinkt des Lebens um sich, und die Idee des Selbstmords sinkt.
Es schien leicht, wenn man daran dachte. Und doch haben es kleine Frauen getan. Es braucht Demut, nicht Stolz.
All das macht Ekel.
Nicht Worte. Eine Geste. Ich werde nicht mehr schreiben.

Edme Theodore Bourg Letzte Aufzeichnungen, meinen Kindern zu übergeben 1852

25. März, 10 ein halb Uhr. – Ich komme eben zurück. Von dem Rest der Kohlen, die ich vor sechs bis acht Tagen für neunzehn Sous gekauft habe, mache ich ein wenig Feuer, der Abend war kalt und die Nacht scheint es zu werden.
Ich werde mich nicht mehr hinlegen.
Ich habe meine Maßregeln getroffen: ich bin frisch rasiert, mein Leib ist sauber gewaschen, ich habe frische Unterwä-

sche angelegt; ich habe die Uhr aufgezogen, überall gefegt und abgestaubt; ich habe viele Papiere verbrannt, eine große Anzahl habe ich geordnet. Ich habe heute morgen ein paar Bücher verkauft, um mir ein Frühstück und eine Mittagsmahlzeit leisten zu können und Kerzen zu kaufen, die neben meinem Leichnam brennen werden, wie es Brauch ist.
Seit vier Uhr war ich unterwegs. Ich war in der Rue Richelieu 110, dann habe ich zu Mittag gegessen, was für ein Essen! Einundzwanzig Sous! Rue Fontaine-Molière.
Als ich dann nach Hause zurückgekehrt war, fügte ich dem Brief an meine Kinder und dem an Monglave ein Postscriptum bei.
Nachdem ich drei Päckchen verschnürt und versiegelt hatte, eines für Aglae, das zweite für Monglave und das dritte für meine Kinder, machte ich mich wieder auf den Weg.
Ich habe das Päckchen für Monglave abgegeben.
Ich bin bei Aglae gewesen und habe ihr das ihre selbst übergeben; ich habe sie aber nur kurz und nur auf dem Treppenabsatz sprechen können; denn die Mutter meiner Kinder war bei ihr. Sie glaubt, daß ich verreisen werde.
Ich war bei Emil und habe Alexandrine das Päckchen für meine Kinder gegeben.
Ich bin in der Rue de la Paix gewesen. Meine Kinder sind heruntergekommen und ich habe sie ein letztes Mal umarmen können. Welcher Schmerz! Sie sollten mich am nächsten Morgen besuchen; dem mußte ich zuvorkommen. Ich habe ihnen gesagt, sie sollten bei Emil vorbeigehen, bevor sie zu mir kämen, um dort ein Päckchen abzuholen, das im Laufe des Abends dort abgegeben werden sollte. Sie hatten keinerlei Verdacht, die lieben Kleinen, und sie werden wenigstens eine gute Nacht verbringen können.
Ich war bei Sophie, wo sich Octavie und Alphonsine befanden. Alle drei arbeiteten. Wir haben dreiviertel Stunden lang gesprochen. Ich sagte ihnen, es sei möglich, daß ich als Folge einer Verabredung, die ich um zehn Uhr habe, eine Reise machen müsse. Sophie wollte wissen, wohin ich ginge. Ich

habe ihr geantwortet, daß ich es nicht wisse, was wahr ist! aber daß sie morgen früh einen Brief von mir haben würde.
Ich bin um das Palais-Royal herumgegangen.
Auf dem Heimweg habe ich alle meine Briefe zur Stadtpost in der Rue de l'Ancienne Comédie dicht bei der Rue Saint-André-des-Arts gebracht.
Mitternacht. – Ich lege die Strümpfe, das Hemd und das Bettuch zurecht, die meine letzten Kleider sein sollen.
Ich fühle, daß der Augenblick herannaht. Ich fühle es an einer Bewegung der Seele, der ich mich nicht erwehren kann, trotz meines Mutes.
Ich bete zu Gott für die Ruhe von Marias Seele, für meine Kinder, für mich selbst; in mir ist ein Schrei, der die zartesten, die besten Gefühle des Herzens aufruft, und mit ihnen das Vertrauen und die Hoffnung.
Ich lasse das Feuer nicht ausgehen. Ich habe das Gefühl, etwas Lebendiges ist bei mir.
Wenn ich nicht hintergangen und im Stiche gelassen worden wäre, stünde ich sicher nicht dort, wo ich jetzt stehe.
Aber einsam, von brennendem Schmerz gehetzt und zermürbt seit Marias Tode, ohne Hoffnung, von Not und Elend verfolgt, gedemütigt, verleumdet, beschimpft, habe ich nur ein Mittel gesehen, aus dieser verzweifelten Lage herauszukommen, und dieses Mittel ist der Selbstmord.
Zwei Uhr. – Wie rasch die Zeit vergeht! Es schlägt zwei Uhr! Draußen bläst ein heftiger Wind! Ein Sturm tobt im Raum, der auf dem Grunde meines Herzens widerhallt.
Ich habe eben meinen Schlüssel ins Schloß gesteckt, an der Außenseite der Tür der Treppe gegenüber, und ich habe daran mit einem roten Faden meinen Brief an Frau Louise, die Hausbesorgerin, festgemacht, worin ich ihr den Vorfall mitteile und einige Verhaltungsmaßregeln gebe. So wird der erste Mensch, der heute morgen kommt, ihn sehen, an sich nehmen und abgeben.
Halb drei Uhr. – Ich muß mich aber doch um die Vorberei-

tungen kümmern. Ich will nicht, daß der Tag mich noch hier findet.
Die Art des Todes war mir nicht gleichgültig. Ich wollte mir eine Kugel ins Herz schießen; das wäre leicht und rasch gegangen. Ich habe mir aber keine Pistole beschaffen können. Mich ertränken – dazu hätte ich aus meiner Wohnung gehen müssen! und außerdem habe ich immer ein Grauen vor dem Wasser gehabt. Mich mit Kohlendunst ersticken, wäre ein harter und langsamer Todeskampf. Ich habe folgendes Mittel gewählt.
Ich habe den Versuch gemacht, mich auf die Art des Pichegru zu erdrosseln und eingesehen, daß das leicht auszuführen ist.
Ich werde also mehrere kleine Holzstückchen zusammenbinden. Ich habe sie voriges Jahr von Montmorency mitgebracht, wo ich mit meinen Kindern, Sophie und ihren Schwestern war. So zusammengebunden, werden sie mehr Gewalt haben. Ich werde sie in den Knoten meines Halstuches tun, und dann werde ich drehen, solange meine Kräfte es zulassen werden.
Um des Erfolges noch sicherer zu sein, werde ich oben an meinem Bücherschrank einen Knotenstrick, den ich seit langem besitze, befestigen; ich werde eine Schlinge darein machen und sie mir um den Hals legen; ich werde den Stuhl unter meinen Füßen wegstoßen und so hängen bleiben.

Das Erdrosseln und das Aufhängen müssen unfehlbar ihre Wirkung haben.
Wir werden sehen!
Drei Uhr. – Das Feuer erlischt; das verstimmt mich.
Ich mache die Beobachtung, daß die natürlichen Bedürfnisse häufiger sind als vorher.
Ich höre das Geräusch der Gemüsewagen, die zur Halle fahren. – Ich werde nichts von dem, was sie bringen, mehr brauchen.
Weiter!

O meine lieben Kinder! Eure süßen Gesichter sind vor mir und beunruhigen mich.
Mut!
Halb vier Uhr. – Ich habe den Knotenstrick befestigt. – Ich habe die zusammengebundenen kleinen Holzstückchen probiert, konnte aber nichts mit ihnen anfangen.
Ich habe ein kleines Stückchen Holz genommen.
Um vier oder ein Viertel nach vier werde ich es tun, wenn nur alles geht wie ich wünsche.
Ich fürchte den Tod nicht, ich suche ihn, ich will ihn! Aber die Vorstellung, lange leiden zu müssen, erschreckt mich.
Ich gehe auf und ab; die Gedanken verschwimmen.
Ich habe nur einen Gedanken mehr, meine Kinder.
Das Feuer ist völlig erloschen.
Welche Stille umringt mich!
Vier Uhr. – Es schlägt vier Uhr. Der Augenblick des Opfers ist gekommen.
Ich lege meine Tabakdose in die Schiebelade meines Schreibtisches.
Lebt wohl, meine lieben Töchter!
Gott wird meinen Leiden gnädig sein.
Ich lege meine Brille in die Schiebelade.
Lebt wohl ... lebt nochmals wohl, meine heißgeliebten Kinder! ... Ihr habt meinen letzten Gedanken. Euch gelten die letzten Schläge meines Herzens ...

Jochen Klepper Tagebuch 1942

7. September 1942 / Montag

> Gott, schweige doch nicht also und sei doch nicht so still; Gott, halt doch nicht so inne!
> Psalm 83, 2

Heute vor einem Jahr gingen wir über den Dnjepr. Was blieb mir mit dem russischen Winter erspart.

Wie in einer zweiten Schicht des Wesens und Lebens durchlebe ich in der Vorstellung mein Leben mit all den Möglichkeiten, die in ihm schon verwirklicht waren, – ohne Ausschmückung, ohne Utopien: einen heilenden Traum, der mir das Ertragen der Gegenwart ein wenig leichter macht. Suche ich mich der Gegenwart völlig hinzugeben, was ich für das Richtigere halte, drohe ich doch zusammenzubrechen.
Daß nun auch noch die schwere Prüfung im Beruf gekommen ist! Ich habe sie im Erfolg noch einmal erwartet. Nun ist sie da; und so seltsam – ohne Mißerfolg eine so schwere Prüfung, in der alles zu Ende zu sein droht. Nur wieder schreiben, nur schreiben, wenn auch nicht veröffentlichen, wirken und verdienen zu können; nur nicht dieses Versiegen in mir in diesen Lebensjahren, die doch die Höhe des Lebens darstellen müßten! – [. . .]

16. September 1942 / Mittwoch

In der Not rufe ich dich an; du wollest mich erhören. Psalm 86, 7

[. . .] Sollte ich mit Hanni noch jemals frei werden von dem Gedanken an den Selbstmord – über den Renerle immer oberflächlicher hinzuleben sucht, wie sie uns jetzt überhaupt trotz unseres glücklichen Zusammenlebens mehr entgleitet –, so wird sich, glaube ich, meine Einstellung zum Selbstmord grundsätzlich nicht mehr ändern. Er ist vergebbare Sünde wie alle anderen. Gott hat nur »eine Sünde« ausgenommen: die gegen den Heiligen Geist. Auch dieses Wort bleibt in Ewigkeit. Daß man der Sünde im Sexuellen (Zeugung) und dem Selbstmord (Tod) ein solches Übergewicht gegeben hat, kommt lediglich davon her, daß man alle »übrige Sünde« nicht groß genug ansieht; vielleicht, weil das Spannungsverhältnis zwischen anderen »Sündenpaaren« nicht so wirkungsvoll ist wie der Gegensatz Zeugung–Tod. Vor Gott gelten solche Unterschiede nicht; er hat nur jenen einen Unterschied gemacht.
Oft erstaune und erschrecke ich darüber, ein wie dünner

Wall (von Gott her) zu durchbrechen ist zu jenem »Ich bin hindurch«, mit dem ich aus dem Felde heimzukehren meinte. Aber menschlich gesehen ist es die völlige Auslieferung an die völlige Qual, über der dann nur noch die jenseitige Botschaft von Weihnachten, Karfreitag, Ostern und Pfingsten steht. – [...]

29. September 1942 / Dienstag

Er offenbart, was tief und verborgen ist.
Daniel 2, 22

Und verbirgt in der Tiefe, was so offenbar schien.
An Hannis und meinem Zustand zeigt sich, daß der Mensch dies beides nebeneinander nicht kann: für das Leben für nahe und ferne Sicht sorgen und gleichzeitig den Tod vorbereiten. Man sorgt und ordnet in beidem – und doch ist's tiefste Unordnung und ohne Boden unter den Füßen. Wir finden aber keine andere Lösung mehr. [...]

12. November 1942 / Donnerstag

Also trug er Geduld und erlangte die Verheißung. Hebräer 6, 15

Bei Hanni und mir ist es das gleiche: von dem Gedanken an den Selbstmord kommt uns keinerlei Ruhe, keinerlei Gefühl der Befreiung. Wir wissen, daß Gott viele Wege hat, solchen Plan zu durchkreuzen. Daß wir aber der Versuchung standzuhalten vermögen, glauben wir nicht. Das Jahr geht hin, und wir vermögen uns nicht zu finden in das »So will ich unverdrossen an mein Verhängnis gehn«. [...]
So namenlos schwer ist es, einen geliebten Menschen mit menschlichen Mitteln retten zu wollen! [...]

21. November 1942 / Sonnabend

Herr Zebaoth, wohl dem Menschen, der sich auf dich verläßt! Psalm 84, 13

Hanni und ich verbrachten den Abend in großer Stille, sofern nicht die mich so anstrengenden Anrufe sie durch-

brachen. Der letzte von Ihlenfeld: wie stark es von den »Eckart«-Lesern empfunden werde, daß ich seit zwei Jahren schweige. Und nun soll ich's fürs Neujahrsheft tun, daß ich wieder schreibe –. Ja, unversehens ist aus der äußeren Abschnürung die innere Abdrosselung geworden, und aus der Kaltstellung die innere Lähmung. Dabei weiß ich doch sofort, was ich für den »Eckart« schreiben würde. Und doch drängt mich alles – weiter zu schweigen.
Die wenigen Schriftsteller in der gleichen ehelichen Situation machen sich so viel Kopfzerbrechen darüber, ob wir auf Grund unserer Sondergenehmigung in diesem und jenem offiziellen Schriftstellerverzeichnis noch geführt werden oder nicht, ob diese oder jene Ausstellung unsere Bücher zeigt oder nicht, ob die Schauspieler noch diesen oder jenen Vorzug vor uns voraus haben –. Von alledem sind Hanni und ich völlig los – auch dann, wenn es noch manchmal etwas Positives gibt wie den Umstand, daß ich auf der Gerhart Hauptmann-Ausstellung mit ausgestellt bin; denn ein Wink der Partei hätte ja genügt, und ich wäre wieder daraus verschwunden. Von solchen Einzelheiten her läßt sich unsere Situation nicht mehr beurteilen. Fest steht das eine: daß ich besonders betroffen bin durch die doppelte Belastung, durch Mischehe und »Christlichkeit«. Das ist Pagel beim Propagandaministerium klipp und klar gesagt worden.

8. Dezember 1942 / Dienstag

> Unser Herr Jesus Christus wird kommen, daß er herrlich erscheine bei seinen Heiligen und wunderbar bei allen Gläubigen.
>
> 2. Thessalonicher 1, 10

[. . .] Gott weiß, daß ich es nicht ertragen kann, Hanni und das Kind in diese grausamste und grausigste aller Deportationen gehen zu lassen. Er weiß, daß ich ihm dies nicht geloben kann, wie Luther es vermochte: »Nehmen sie den Leib, Gut, Ehr, *Kind und Weib*, laß fahren dahin –.« Leib,

Gut, Ehr – ja! Gott weiß aber auch, daß ich alles von ihm annehmen will an Prüfung und Gericht, wenn ich nur Hanni und das Kind notdürftig geborgen weiß. –

Den Gedanken an Flucht – viele fliehen jetzt, und welch' furchtbare Maßnahmen werden sich gegen sie und ihre Beschützer wenden – hat Renerle aufgegeben. Verweigert der Sicherheitsdienst trotz Fricks Fürsprache ihre Ausreise, so will sie mit uns sterben; dann bleibt uns auch nur noch eine ganz kleine Frist für letzte Erledigungen, so nahe und groß ist dann die Gefahr, nun hinter dem Schutzbrief keine Macht mehr steht und die neu ausgefüllten Fragebogen gerade auf ihn verweisen mußten.

Gelingt Renerles Ausreise, so will das Kind in all seinem Jammer doch weiterleben. Dann bleibt uns auch noch eine kleine Frist, und ich werde mir noch eine letzte Information über den Zeitpunkt der Scheidungsmaßnahmen von Draeger zu beschaffen suchen, eine entfernte, noch so verklausulierte Andeutung –.

Das Letzte ist besprochen.

Noch schreibe ich dies in der Hoffnung, daß ich es dereinst, den Weg meines Lebens, Gottes Weg in meinem Leben, überblickend, wiederlesen werde.

Aber was nun begonnen hat, ist uns nicht mehr unfaßlich. Es ist auf furchtbare Weise ganz in das Bewußtsein eingegangen.

Ein dunkler, stürmischer, milder, trüber Tag – wie verdämmerndes und verwehendes Geschick.

Gott ist größer als unser Herz. – Das Wort soll uns noch in den Tod begleiten.

Noch ist eine Hoffnung, eine ganz schwache Hoffnung.

Renis Einreiseerlaubnis nach Schweden nannten Frick und Draeger (Präsident der Deutsch-Schwedischen Gesellschaft) ganz unfaßlich. Ist doch selbst Sven Hedin ein Antrag für einen Schützling von seiner Regierung abgelehnt worden.

Wie, wie sich verhalten gegenüber den anderen Mischehen? –

Stürben Hanni und das Kind, Gott weiß, daß sich nichts in mir gegen seinen Willen auflehnte. Aber nicht *dies*.
Welche Verwandlung hat unser Leben nun von neuem erfahren – in einem einzigen Gespräch.
Hanni ist keiner Träne mehr fähig.

9. Dezember 1942 / Mittwoch

> Wenn des Menschen Sohn kommen wird, meinst du, daß er auch werde Glauben finden auf Erden? Lukas 18, 8

Vormittags wurde Hanni zu Almqvist auf die Schwedische Gesandtschaft bestellt, um alle ihre Personalien einzutragen.
Nachmittags war ich bei Eichmann vom Sicherheitsdienst, nachdem Ministerialrat Draeger am Vormittag alles vorbereitet hatte. Er glaubte, Eichmann werde die Genehmigung erteilen; er wolle die Sache rasch betreiben. Auch Eichmann fragte nach der sofortigen Ausreise. Das deutet auf neue, drohende Maßnahmen. Morgen soll ich endgültigen Bescheid bekommen. Es muß noch festgestellt werden, ob sicherheitspolizeiliche Bedenken gegen Reni vorliegen.
E. »Ich habe noch nicht mein endgültiges Ja gesagt. Aber ich denke, die Sache wird klappen«.
Unter Androhung sicherheitspolizeilicher Maßnahmen stehe ich nun unter strengem Schweigegebot über die nun folgenden Schritte im Falle der Ausreise.
Ich war nun in der Welt meiner Träume, es waren die Menschen, die Stimmen, die Räume –.
Dort, dort liegt die Macht.
Die Frage, ob Hanni im Lande bleibt, wurde gestellt. Ich: »Die Situation meiner Frau überblicke ich noch nicht«.
E. »Eine gemeinsame Ausreise würde nämlich nicht gestattet«.
Rätsel um Rätsel. Und das Ganze so unbegreiflich: ein Mann in meiner Lage bei Frick, beim Sicherheitsdienst –. Betrachtet man Hanni als Geisel für Reni? Würde man Hanni als

meiner Frau verweigern, was man Renerle als meiner Stieftochter vielleicht zugesteht?
Morgen um drei bin ich wieder zur Sicherheitspolizei bestellt.
Da ich am Telefon jetzt so wenig sagen kann, kam Hilde, die sehr teilnimmt, abends nach dem Dienst zu uns. Nun ist alles so nah, womit wir sie in der Adventszeit des vorigen Jahres schon so belasten mußten.
Diese stillen, stillen, dunklen, trüben Tage. So lind, so voller Trauer des Himmels.
»Wenn der Herr die Gefangenen Zions erlösen wird, so werden wir sein wie die Träumenden«.
Noch ein Tag so qualvollen Wartens. Und doch geht alles so rasch –. Abends die arme Hilde bei uns zur Testamentsbesprechung.
Hannis armes Herz trauert noch immer um »Das ewige Haus«.
Brigitte – Katharina.

10. Dezember 1942 / Donnerstag
Nachmittags die Verhandlung auf dem Sicherheitsdienst.
Wir sterben nun – ach, auch das steht bei Gott –
Wir gehen heute nacht gemeinsam in den Tod.
Über uns steht in den letzten Stunden das Bild des Segnenden Christus, der um uns ringt.
In dessen Anblick endet unser Leben.

Hertha Kräftner Tagebuch 1951

13. 9. 51
Das war vielleicht der letzte Sommer. Die Zeit zieht sich zusammen wie die Schnur am Rand eines Beutels; schwarz hängt der Beutel nach unten, in den leeren Raum. Das ist der Tod, in den wir fallen. Wir fallen in den schwarzen Beutel

und bleiben dort liegen, wir fallen nicht in den freien Raum. Gesetz und Unterwerfung auch dort noch. Daß ich mich töten kann, ist ja nicht Freiheit, ist nur das Gesetz meiner Natur. Nichts wird dadurch anders, alles ist, wie es sein soll. Wer schreibt das vor?
Es ist gar nicht nötig, daß ich noch den Oktober erlebe, den ich sehr liebe. Ob ich liebe oder nicht, ob ich treu bin oder nicht, – es verliert an Wichtigkeit. 6 Männer wollen mich zu gleicher Zeit, der eine mehr der andere weniger; es bleibt mir nichts mehr übrig, als zu entscheiden: keiner oder sechs. Wenn jemand meint, es gäbe noch eine andere Wahl, so irrt er: ich habe nicht mehr Zeit, sie nacheinander zu lieben, der September wird zu kurz sein. Warum nehme ich denn die Pulver nicht morgen? Weil ich wahrscheinlich noch leben soll: schlafen, essen, bei den Männern liegen, denken. Ja, denken! Es ist ein Hohn.

16. 9. 51

Es wird nicht weh tun. Nichts tut mehr weh. Der Gedanke an den Tod ist wie ein Narkotikum. Langsam werde ich gefühllos. Ich bedauere nicht mehr, die Akropolis nicht gesehen zu haben, einen Mann namens Joe nicht geküßt zu haben, ich verschmerze meine ungeschriebenen Gedichte. Mir tut niemand mehr leid. Ich bin nicht verzweifelt, nicht berauscht. Ich bin wie ein kaltes Reptil. Veronal. Sorgsam gesammelt, erschwindelt, oft am Abend betrachtet, manchmal die glatten Phiolen lange zwischen den Fingern gehalten, verborgen in meiner Seidenwäsche.
Ein Mann, den ich nicht genug liebte, daß es mich im Leben gehalten hätte, sagte einmal: »Sich töten? – Wozu? – Das führt doch zu nichts.« Das ist es: es führt zum Nichts. Dort will ich hin. Ich konnte nicht alles haben, so will ich auch kein Etwas.

25. 10. 51

Es ist Oktober und ich lebe noch. Die Liebe kam noch einmal, aber vielleicht geht sie schon wieder vorbei. Ich bin dabei nicht glücklich geworden. Ich glaube kaum, daß ich

glücklich gemacht habe. Es ist mir gleich. Ich nehme nichts mehr wichtig.
Er kam ganz schmal durch den Herbst auf mich zu. Ich war verzaubert, ich hatte vergessen, was vergangen war. Ich wollte für ihn gut werden, aber er verzieh mir nicht, daß ich nicht gut war. Alles hätte silberig sein können und sanft, aber er schleppte uns in einen Raum, in dem ein bronzener Gong in einem fort tönt.
Ich will nicht mehr. Er war nicht imstande, mir das Leben zu erklären. Wozu führe ich es dann weiter, da ich es doch nicht verstehe.

Benjamin R. Haydon Tagebuch 1846

Sonntag, 14. Juni.
Segne mich heute und in dieser Woche. Amen. O Gott, laß es nicht Vermessenheit sein, wenn ich um Deinen Segen für meine sechs Arbeiten bitte. Laß für eine Weile keine Schwierigkeit auf Erden ihren Fortschritt verhindern oder aufhalten. Du kannst aus nichts Welten erschaffen; o Gott, segne mich in dieser Woche mit Deiner Göttlichen Hilfe. Gib mir Freunde aus Quellen, die für uns unsichtbar sind, rette mich vor den Schwierigkeiten, die der Geldmangel mit sich bringen muß. O Gott, gib, daß ich Dir in einer Woche aus tiefster Seele für meine Rettung danken kann & bewahre mir meine Gesundheit & Verstand & Seele & Frömmigkeit, um alle Schwierigkeiten zu ertragen und zu besiegen. Amen. Amen.
15. Juni.
Verbrachte den Tag in großer Sorge; zeichnete schließlich den Hintergrund in der Studie, nachdem ich mich in der Hitze vergeblich abgequält hatte.
16. Juni.
Von 2 bis 5 saß ich vor meinem Bild und starrte es an wie ein

Idiot, während mein Geist niedergedrückt wurde von Unruhe und den sorgenvollen Blicken meiner lieben Mary & Kinder, die zu informieren ich gezwungen war. Ich aß zu Abend, nachdem ich unser ganzes Silber verpfändet hatte, um uns vor Geldnot im Falle eines Unglücks zu bewahren, & Rochfort, der ehrenhafte Mann in der Brewer St., drückte sein großes Mitgefühl gegenüber meiner Lage aus. Da sah ich weiße Locken unter seiner Kappe, ich sagte: »Rochfort, nehmen Sie Ihre Kappe ab.« Er nahm sie ab und zeigte einen feinen Kopf mit silbrigen Locken. »Das ist genau das, was ich brauche; kommen Sie & sitzen Sie mir.« Er lächelte und schaute durch mich durch. »Wann?« »Samstag um 9.« »Ich will, Sir«; und wird irgendjemand glauben, daß ich leichteren Herzens nach Hause ging, weil ich ein Modell für das Haar des knieenden Alfred gefunden hatte?

Ich kam nach Hause und saß wie beschrieben. Ich hatte an Sir R. Peel, den Herzog von Beauford und Lord Brougham geschrieben, daß ich eine große Summe zu zahlen hätte. Ich bot dem Herzog von Beauford die Studie des Herzogs für 50 Pfund an. Wer antwortete als Erster? Von R. Peel, der von D'Israeli gequält und von Amtsgeschäften belästigt wird, kam folgender Brief:

»Whitehall, 16. Juni 1846

Sir,

es tut mir leid, von Ihren fortdauernden finanziellen Schwierigkeiten zu hören. Als einen Beitrag zu Ihrer Erlösung sende ich Ihnen aus einem begrenzten Fonds, über den ich verfügen kann, den Betrag von 50 Pfund.

Ihr ergebener Diener Robert Peel

B. R. Haydon, Esq.

Seien Sie so freundlich, die beiliegende Quittung zu unterschreiben und zurückzusenden.«

Das ist Peel. Werden Brougham oder Beauford oder Hope oder Barry antworten?

Meine allerliebste Mary bittet mich mit der Leidenschaft einer Frau, keine Zahlungen mehr anzunehmen und die

ganze Sache abzuschließen. Ich will nicht. Ich will meine Sechs mit der Hilfe Gottes fertigstellen, meine Ausgaben einschränken und hoffen, daß Seine Gnade mich nicht verlassen wird und mich in Gesundheit und Kraft, Dankbarkeit und seelischer Würde bis zum Ende führen wird. Ich verlasse mich auf Ihn allein. Laß mich (in meinen Vorstellungen) immer an Kolumbus denken. Amen.
O Gott, segne meine Anstrengungen mit Erfolg in allen Wechselfällen des Schicksals! Und beschütze meine liebe Mary & Familie. Amen.
Aus Angst, Schwierigkeiten zu bekommen, brachte ich am Morgen unbezahlte Bücher zu einem jungen Buchhändler mit Familie zurück. Als ich herumfuhr, kam mir der Gedanke, ich könnte Geld für sie bekommen; der Gedanke widerte mich an, & ich hielt inne und sagte dem Buchhändler, daß ich fürchtete, in Gefahr zu sein, & da er einen Verlust erleiden könnte, möge er sie für ein paar Tage aufbewahren. Er war dankbar, & am Abend kamen diese 50 Pfund. Ich weiß, was ich glaube.
18. Juni.
O Gott, segne mich während des Elends dieser Tage.
Mein Vermieter Newton kam kurz vorbei. Ich sagte: »Ich sehe die Miete eines Vierteljahres auf Ihrem Gesicht, aber nicht von mir.« Ich versprach ihm, ihn morgen aufzusuchen und ihm jedes Jot meiner finanziellen Lage offenzulegen. Der gutherzige Newton!
Ich sagte: »Bitte, leiten Sie keine Pfändung ein.« »Nichts dergleichen«, antwortete er und war fast verletzt.
Keine Antwort von Brougham, Beauford, Barry oder Hope! – und dieser Peel ist der Mann *ohne Herz*!
Ich schickte den Herzog, Wordsworth, des lieben Fred und Marys Köpfe an Miss Barret zur Verwahrung. Ich habe die Stiefel [und] den Hut des Herzogs, & Lord Greys Mantel & einige andere Köpfe – heute Abend bekam ich ihren Brief.
Meinem neuen Freund Kommissar Evans bot ich an, ihm den grübelnden Byron in Not für 50 Guineen zu malen.

20. Juni.
O Gott segne uns alle in den Widrigkeiten dieses Tages.
21. Juni. Sonntag.
Schlief schrecklich. Betete voll Sorge und stand voller Unruhe auf.
22. Juni.
Gott vergib – mir – Amen.

Ende
von
B. R. Haydon

»Foltere mich nicht länger auf dieser harten Welt.« – Lear.

Ende.

Henriette Vogel — An Ernst Friedrich von Peguilhen 1811

Mein sehr werter Freund! Ihrer Freundschaft die Sie für mich, bis dahin immer so treu bewiesen, ist es vorbehalten, eine wunderbare Probe zu bestehen, denn wir beide, nehmlich der bekannte Kleist und ich befinden uns hier bei Stimmings auf dem Wege nach Potsdamm, in einem sehr unbeholfenen Zustande, indem wir erschossen da liegen, und nun der Güte eines wohlwollenden Freundes entgegen sehn, um unsre gebrechliche Hülle, der sichern Burg der Erde zu übergeben. Suchen Sie liebster Peguilhen diesen Abend hier einzutreffen und alles so zu veranstalten, daß mein guter Vogel möglichst wenig dadurch erschreckt wird, diesen Abend oder Nacht wollte Louis seinen Wagen nach Potsdamm (schikken), um mich von dort, wo ich vorgab hinzureisen, abholen zu lassen, dies mögte ich Ihnen zur Nachricht sagen, damit Sie die beßten Maasregeln darnach treffen können. Grüßen Sie Ihre von mir herzlich geliebte Frau und Tochter viel tausendmal, und sein Sie theurer Freund ueberzeugt daß Ihre und Ihrer Angehörigen Liebe

und Freundschaft mir noch im letzten Augenblick meines Lebens die größte Freude macht.

Ihre A. Vogel.

Ein kleines versiegeltes schwarzes ledernes Felleisen, und einen versiegelten Kasten worinn noch Nachrichten für Vogel Briefe, Geld Kleidungsstücke auch Bücher vorhanden, werden Sie bei Stimmings finden. Für die darin befindlichen 10 Thlr Courant wünschte ich eine recht schöne blaßgraue Tasse innwendig vergoldet, mit einer goldenen Arabeske auf weißem Grunde zum Rand, und am Oberkopf im weißen Felde meinen Vornamen, die Facon wie sie jetzt am modernsten ist. Wenn Sie sich dieser Commission halber am Buchhalter Meves auf der Porzellan Fabrick wendeten, mit dem Bedeuten diese Tasse am Weihnachts-Heiligabend Louis eingepackt zuzuschicken, doch würden Sie mein lieber Freund mit der Bestellung eilen müssen, weil sie sonst nicht fertig werden mögte. Leben Sie wohl und glücklich. – Einen kleinen Schlüssel werden Sie noch eingesiegelt im Kasten finden, er gehört zum Vorhängeschloß des einen Koffers zu Hause bei Vogel, worin noch mehrere Briefe und andre Sachen zum besorgen liegen.

Zusatz von Heinrich von Kleist:

Ich kann wohl Ihre Freundschaft auch, mein liebster Peguilhin, für einige kleine Gefälligkeiten in Anspruch nehmen. Ich habe nämlich vergessen, meinen Barbier für den laufenden Monat zu bezahlen, und bitte, ihm 1 Thlr a 1/3 C zu geben, die Sie eingewickelt in dem Kasten der Mad. Vogel finden werden. Die Vogeln sagt mir eben, daß SIE den Kasten aufbrechen und alle Commissionen die sich darin befinden besorgen mögten: damit Vogel nicht gleich damit behelligt würde – Endlich bitte ich noch, das ganze, kleine, schwarzlederne Felleisen, das mir gehört, mit Ausnahme der Sachen, die etwa zu meiner Bestattung gebraucht werden mögten, meinem Wirth, dem Quartiermeister Müller, Mauerstraße N. 53. als einen kleinen Dank für seine gute Aufnahme und

Bewirthung zu schenken. – Leben Sie recht wohl, mein liebster Peguilhin; meinen Abschiedsgruß und Empfehlung an Ihre vortreffliche Frau und Tochter.

H. v. Kleist

man sagt hier den 21 t Nov.; wir wissen aber nicht ob es wahr ist.

N.S. In dem Koffer der Mad. Vogel, der in Berlin in ihrem Hause in der Gesindestube mit messingnem Vorlegeschloß steht, und wozu der kleine versiegelte Schlüssel, der hier im Kasten liegt, paßt – in diesem Koffer befinden sich drei Briefe von mir, die ich Sie noch herzlichst zu besorgen bitte. Nämlich:

1) Einen Brief an die Hofräthin Müller, nach Wien.
2) Einen Brief an meinen Bruder Leopold nach Stolpe, welche beide mit der Post zu besorgen sind (der erstere kann vielleicht durch den guten Brillen Voß spedirt werden); und
3) Einen Brief, an Fr. v. Kleist, geb. v. Gualtieri, welchen ich dem Major v. Below, Gouverneur des Prinzen Friedrich von Hessen, auf dem Schlosse, abzugeben bitte.
   Endlich liegt
4) noch ein Brief an Fr. v. Kleist, in den hiesigen Kasten der Mad. Vogel, welchen ich gleichfalls und zu gleicher Zeit, an den Major v. Below, abzugeben bitte. – Adieu!

N.S.

Kommen Sie recht bald zu Stimmings hinaus, mein liebster Peguilhin, damit Sie uns bestatten können. Die Kosten, was mich betrifft, werden Ihnen von Frankfurt aus, von meiner Schwester Ulrike wieder erstattet werden. – Die Vogeln bemerkt noch, daß zu dem Koffer mit dem messingnem Vorhängeschloß, der in Berlin, in ihrer Gesindestube steht, und worin viele Commissionen sind, der Schlüssel hier versiegelt in dem hölzernen Kasten liegt. – Ich glaube ich habe dies schon einmal geschrieben, aber die Vogel besteht darauf, daß ich es noch einmal schreibe.

H. v. Kl.

VI
Aufgaben

Heinrich von Kleist An Ulrike von Kleist 1811

Ich kann nicht sterben, ohne mich, zufrieden und heiter, wie ich bin, mit der ganzen Welt, und somit auch, vor allen Anderen, meine theuerste Ulrike, mir dir versöhnt zu haben. Laß sie mich, die strenge Äußerung, die in dem Briefe an die Kleisten enthalten ist, laß sie mich zurücknehmen; wirklich, du hast an mir gethan, ich sage nicht, was in Kräften einer Schwester, sondern in Kräften eines Menschen stand, um mich zu retten: die Wahrheit ist, daß mir auf Erden nicht zu helfen war. Und nun lebe wohl; möge dir der Himmel einen Tod schenken, nur halb an Freude und unaussprechlicher Heiterkeit, dem meinigen gleich: das ist der herzlichste und innigste Wunsch, den ich für dich aufzubringen weiß.
Stimmings bei Potsdam
– am Morgen meines Todes. Dein Heinrich.

An Frau v. Müller

Der Himmel weiß, meine liebe, treffliche Freundin, was für sonderbare Gefühle, halb wehmütig, halb ausgelassen uns bewegen, in dieser Stunde da unsere Seelen sich, wie zwei fröhliche Luftschiffer, über die Welt erheben, noch einmal an Sie zu schreiben. Wir waren doch sonst, müssen Sie wissen, wohl entschlossen, bei unseren Bekannten und Freunden keine Karten p. p. c. abzugeben. Der Grund ist wohl, weil wir in tausend glücklichen Augenblicken an Sie gedacht, weil wir uns tausendmal vorgestellt haben, wie Sie in Ihrer Gutmütigkeit aufgelacht (aufgejauchzt) haben würden, wenn Sie uns in der grünen oder rothen Stube beisammen gesehen hätten. Ja, die Welt ist eine wunderliche Einrichtung! – – Es hat seine Richtigkeit, daß wir uns, Jettchen

und ich, wie zwei trübsinnige trübselige Menschen, die sich immer ihrer Kälte wegen angeklagt haben, von ganzen Herzen lieb gewonnen haben, und der beste Beweis davon ist wohl, daß wir jetzt miteinander sterben. Leben Sie wohl, unsere liebe, liebe Freundin und seien Sie auf Erden, wie es gar wohl möglich ist, recht glücklich! Wir unserseits wollen nichts von den Freuden dieser Welt wissen und träumen lauter himmlische Fluren und Sonnen, in deren Schimmer wir, mit langen Flügeln an den Schultern, umherwandeln werden. Adieu! Einen Kuß von mir, dem Schreiber, an Müller; er soll zuweilen meiner gedenken, und ein rüstiger Streiter Gottes gegen den Teufel Aberwitz bleiben, der die Welt in Banden hält. – –

Nachschrift von Henriette Vogel:
Doch wie dies alles zugegangen
Erzähl' ich euch zu andrer Zeit
Dazu bin ich zu eilig heut. – – –
Lebt wohl denn! Ihr meine lieben Freunde, und erinnert euch in Freud' und Leid der zwei wunderlichen Menschen, die bald ihre große Entdeckungsreise antreten werden.
Henriette.

In Kleists Handschrift:
Gegeben in der grünen Stube
den 21. November 1811.
H. v. Kleist.

Charlotte Perkins Gilman
Das einfachste menschliche Recht 1935

Weder Kummer, noch Schmerzen, Unglück oder ein »gebrochenes Herz« sind Gründe, die einen Selbstmord entschuldigen können, solange noch irgendwelche Kraft zum Dienen bleibt.

Aber wenn es mit jeglicher Nützlichkeit vorbei ist, wenn ein unvermeidlicher und baldiger Tod sicher ist, ist es das einfachste menschliche Recht, einen schnellen und leichten Tod zu wählen anstelle eines langsamen und schrecklichen.
Die öffentliche Meinung zu diesem Thema ändert sich. Die Zeit wird bald kommen, da wir es für abscheulich und unserer Zivilisation unwürdig halten, einen Menschen unter verlängerten Todesqualen sterben zu lassen, die wir doch bei jeder anderen Kreatur aus Barmherzigkeit beendeten.
Im Vertrauen darauf, daß meine Entscheidung, indem sie die vernünftigeren Einsichten über dieses Thema unterstützt, gesellschaftlich nützlich ist, habe ich dem Krebs das Chloroform vorgezogen.

Sigmund Freud Briefe an Marie Bonaparte 1939

April 28, 1939
Ich habe Ihnen lange nicht geschrieben, während Sie im blauen Meer gebadet haben. Ich nehme an Sie wissen warum, erkennen es auch an meiner Schrift. (Nicht einmal die Feder ist dieselbe, sie hat mich verlassen wie der Leibarzt und andere externe Organe). Es geht mir nicht gut, mein Leiden und die Folgen der Behandlung teilen sich in die Verursachung in einem mir unbekannten Verhältnis. Man hat versucht mich in eine Atmosphäre von Optimismus zu ziehen: Das Carcinom ist in Schrumpfung, die Reaktionserscheinungen sind vorübergehend. Ich glaube nicht daran und mag es nicht betrogen zu werden. . . .
Etwas Interkurrentes, was den grausamen Prozess kurz abschneidet wäre sehr erwünscht.
Soll ich mich noch darauf freuen, Sie bald im Mai wiederzusehen?

June 15, 1939
Meine liebe Marie,
Vorgestern abends war ich daran, Ihnen einen langen Trostbrief zu schreiben zum Tode unseres alten Tattous und dann Sie darauf vorzubereiten, dass ich bei Ihrem nächsten Hiersein eifrig lauschen würde, was Sie von neuen Arbeiten erzählen, bereit hie und da ein Wort hinzuwerfen wo ich glaube, dass ich etwas dazu ergänzen kann. Die zwei folgenden Nächte haben meine Erwartungen grausam zerstört. Das Radium hat wieder etwas aufzufressen begonnen, unter Schmerzen und Vergiftungserscheinungen, und meine Welt ist wieder was sie früher war, eine kleine Insel Schmerz schwimmend auf einem Ozean von Indifferenz.
Finzi fährt fort seine Zufriedenheit zu betheuern. Auf meine letzte Klage hatte er die Antwort: am Ende werden Sie auch zufrieden sein. So verlockt er mich halb gegen meinen Willen, weiter zu hoffen und unterdess weiter zu leiden. . . .
Vom deutschen Moses sollen schon 1800 Exemplare verkauft sein. Herzlichst und mit warmen Wetterwünschen, solange Sie am Meer sind
Ihr Freud

Am folgenden Tag, es war der 21. September, nahm Freud meine Hand und sagte, als ich an seinem Bettrand saß: »Lieber Schur, Sie erinnern sich wohl an unser erstes Gespräch. Sie haben mir damals versprochen mich nicht im Stich zu lassen, wenn es soweit ist. Das ist jetzt nur noch Quälerei und hat keinen Sinn mehr.«
Ich bestätigte, daß ich mein Versprechen nicht vergessen hatte. Er seufzte erleichtert, hielt meine Hand einen Augenblick fest und sagte: »Ich danke Ihnen.« Nach einem kurzen Zögern fügte er hinzu: »Sagen Sie es der Anna.« Er sagte all das ohne große Emotionalität oder Selbstmitleid, sondern mit vollem Bewußtsein der Realität.
Ich informierte Anna über unser Gespräch, wie Freud verlangt hatte. Als er erneut das Bewußtsein verlor, gab ich ihm eine Injektion von zwei Centigramm Morphin. Er fühlte sofort Erleichterung und fiel in einen friedvollen Schlaf. Der Ausdruck von Qual und Leiden war verschwunden. Ich wiederholte die Dosis nach 12 Stunden. Freud war offensichtlich dem Ende seiner Reserven so nahe, daß er in ein Coma fiel und nicht wieder aufwachte. Er starb 3.00 Uhr in der Nacht am 23. September 1939. (Aus den Aufzeichnungen von Max Schur, Freuds Arzt)

Elisabeth und Henry van Dusen
An alle Freunde und Verwandte **1950**

Wir hoffen, Ihr versteht, was wir getan haben, selbst wenn einige von Euch es mißbilligen oder davon enttäuscht sein werden.
Wir hatten beide ein sehr erfülltes und befriedigendes Leben. Pitney hat sehr hart und mit großer Hingabe für die Kirche gearbeitet. Ich hatte ein abenteuerliches und glückliches Leben. Unser beider Leben war glücklich, und unsere Kinder haben dieses Glück gekrönt. Aber seit Pitney vor 5 Jahren seinen Schlaganfall hatte, konnten wir nichts mehr von all dem tun, was wir tun wollen und können, und meine Arthritis ist viel schlimmer geworden.
Es gibt zu viele hilflose alte Leute, die ohne die moderne medizinische Pflege gestorben wären, und wir glauben, daß Gott sie hätte sterben lassen, als ihre Zeit kam.
Heute ist es schwierig zu sterben. Mit der Zeit, glauben wir, wird der Weg, den wir gehen, üblicher und akzeptabler werden.
Der Gedanke an unsere Kinder und Enkel macht uns natürlich traurig, aber wir glauben trotzdem, daß dies der beste und der richtige Weg ist. Wir werden beide immer schwächer und kränklicher, und wer könnte sich schon wünschen, in einem Pflegeheim zu sterben.
Wir haben keine Angst zu sterben.
Wir senden Euch all unsere Liebe und Dankbarkeit für Eure wunderbare Unterstützung und Freundschaft.
»O Du Lamm Gottes, das Du hinwegnimmst die Sünden der Welt, erbarme Dich unser.
O Du Lamm Gottes, das Du hinwegnimmst die Sünden der Welt, gib uns Deinen Frieden.«
Elizabeth B. van Dusen
Henry P. van Dusen

Liebster,
ich spüre genau, daß ich wieder wahnsinnig werde. Ich glaube, daß wir eine solche schreckliche Zeit nicht noch einmal durchmachen können. Und diesmal werde ich nicht wieder gesund werden. Ich höre Stimmen, und ich kann mich nicht konzentrieren. Darum tue ich, was mir in dieser Situation das Beste scheint. Du hast mir das größtmögliche Glück geschenkt. Du bist mir alles gewesen, was einem einer sein kann. Ich glaube nicht, daß zwei Menschen haben glücklicher sein können – bis die schreckliche Krankheit kam. Ich kann nicht länger dagegen ankämpfen. Ich weiß, daß ich Dir Dein Leben ruiniere und daß Du ohne mich würdest arbeiten können. Und ich weiß, Du wirst es tun. Du siehst, nicht einmal das kann ich richtig hinschreiben. Ich kann nicht lesen. Was ich sagen möchte, ist, daß ich alles Glück meines Lebens Dir verdanke. Du bist unglaublich geduldig mit mir und unglaublich gut zu mir gewesen. Das möchte ich sagen – jeder weiß es. Hätte mich jemand retten können, wärest Du es gewesen. Alles, außer der Gewißheit Deiner Güte, hat mich verlassen. Ich kann Dein Leben nicht länger ruinieren.
Ich glaube nicht, daß zwei Menschen glücklicher hätten sein können, als wir gewesen sind.

VII
Abgänge

Hugo Kersten Wir sind die Namenlosen 1919

Wir halten unsre Lippen herb geschlossen,
Und unsre starren Augen höhnen eigen.
Wir liegen still am Straßenrand und schweigen
Gleichgült'gen Sinnes, müde und verdrossen.

Wir sind die Übergangenen im Leben,
Wir, die am Wege hinter Schlehen rasten,
Bis wir mit schweren Füßen weiter tasten
Und dennoch nie nach einem Ziele streben.

Wir dürsten sehr, und unsre Lippen brennen
Und wissen doch: es lohnt sich nicht zu trinken.
Wir sind die Namenlosen, die versinken,
Und unsre Augen brechen vor Erkennen.

Dieter Leisegang Traum 1972

Vor uns lief zu blauer Weite
Eine Linie her aus Hügeln
Drüber hingen wie auf Bügeln
Deutsche Wälder ausgebreitet

Unser Weg zerschnitt das Weben
Raunen, Rufen, diese Gegend
Zweifach auseinanderlegend
Ihrer Gänze Grenzen gebend –

Abends kamen manchmal Wagen
Uns entgegen aus der Ferne
Lauter abgestürzte Sterne
Die nicht mehr nach Hause fanden

Ihre langgezognen Klagen
Rissen Wunden in die Ruhe –
Endlich zogen wir die Schuhe
Aus und kamen auch abhanden

Attila József Vielleicht werde ich plötzlich verschwinden

1937

Vielleicht, wie eine Tierspur in den Wäldern,
werd ich auf einmal gänzlich verschwinden.
Eines Tages muß ich Rechenschaft ablegen.
Was ich besaß, verging mit den Winden.

Der Kinderleib, der einer Knospe glich,
ward ich in bittrem Rauch gedörrt und ist verwittert.
Wenn ich zurückschau auf das, was mein Leben war,
fühl ich, wie der Verstand mich verläßt und das Herz mir erzittert.

Die Gier hat ihren Reißzahn in mein Fleisch geschlagen.
Zu früh spürte ich sie in meinem Mark brennen.
Dann kam die Reue, und ich sagte mir:
Warum hast du nicht zehn Jahre warten können?

Meine Mutter redete mir zu, und ich wollte
sie grad nicht verstehn und gab auf sie nicht acht.
Dann war ich Waise, schlecht oder gar nicht geliebt,
und hab mich über meine Lehrer lustig gemacht.

Du, meine Jugend, bist wie ein grüner Wald gewesen,
endlos schienst du zu sein und ewig zu dauern.
Jetzt hör ich weinend auf den Wind und hör ihn im
trocknen Geäst, aus dem jedes Blatt fiel, schauern.

VIII
Vermächtnisse

Paul Lafargue Testament 1911

Gesund an Körper und Geist nehme ich mir das Leben, bevor das unerbittliche Alter, das mir zugleich Vergnügen und Lebensfreude nehmen und mich meiner physischen und intellektuellen Kräfte berauben wird, meine Energie zersetzt und meinen Willen bricht und mich zu einer Last für mich selbst und andere macht.
Schon vor Jahren habe ich mir geschworen, die 70 nicht zu überschreiten; ich habe die Jahreszeit für mein Sterben bestimmt und die Ausführung meines Entschlusses vorbereitet: eine hypodermatische Injektion von Blausäure.
Ich sterbe in der größten Freude über die Gewißheit, daß die Sache, der ich mich 40 Jahre lang gewidmet habe, in einer nahen Zukunft siegen wird.
Es lebe der Kommunismus!
Es lebe der Internationale Sozialismus!

Pierre Drieu la Rochelle Ich, der Intellektuelle 1945

In der Mitte meines Lebens handelte ich vollkommen bewußt, den Vorstellungen verpflichtet, die ich mir über die Pflichten eines Intellektuellen gebildet hatte.
Der Intellektuelle, der Schriftsteller, der Künstler ist kein Bürger wie jeder andere. Er hat Pflichten und Rechte, die denen der anderen überlegen sind.
Darum faßte ich einen kühnen Entschluß; aber in einer Aufruhrsituation ist der Durchschnitts-Intellektuelle in der gleichen Lage wie der Künstler. In solchen Momenten liefert

der Staat keine festumrissene Richtung oder kein Ziel, das anspruchsvoll genug wäre. So war es auch 1940. Marschall Pétain bot uns Einheit an, aber das war alles: das war ein gehaltloser Schatten. Also gingen einige tapfere Männer nach Paris, andere nach London.

Die, die nach London gingen, waren besser dran, aber im Augenblick ist das letzte Wort darüber noch nicht gefallen.

Ich ging nach Paris; zusammen mit einigen anderen entschlossen wir uns, es auf uns zu nehmen, über enge nationale Interessen hinauszugehen, die allgemeine Meinung herauszufordern, einer Minderheit anzugehören, die man mit Zögern, Zweifel, Mißtrauen betrachtet, um schließlich, als unser Glück sich in El Alamein und Stalingrad wendete, verwünscht zu werden.

Es ist die Pflicht der Intellektuellen, zumindest einiger von ihnen, über das Geschehen hinauszugehen, Risiken auf sich zu nehmen, die Wege der Geschichte auszuprobieren. Wenn sie den falschen Moment wählen, um so schlimmer. Sie haben eine notwendige Aufgabe erfüllt: außerhalb der Menge zu sein – ob vor, hinter, daneben, das ist unwichtig, Hauptsache außerhalb. Die Zukunft ist nicht das, was eine Seite heute schon sieht. Die Zukunft ist aus dem gemacht, was die Mehrheit sieht, *und* aus dem, was die Minderheit sieht.

Eine Nation ist nicht nur eine einzige Stimme, es ist ein Konzert. Immer muß es eine Minderheit geben, und wir waren diese Minderheit. Wir haben verloren, wir wurden als Verräter stigmatisiert: das ist richtig. Auch Ihr wäret Verräter gewesen, wenn Eure Sache besiegt worden wäre.

Frankreich wäre darum nicht weniger Frankreich, Europa nicht weniger Europa gewesen.

Ich gehöre zu den Intellektuellen, deren Pflicht es ist, in der Minderheit zu sein.

Minderheit! Wir sind mehrere Minderheiten. Es gibt keine Mehrheit. Die von 1940 hat sich rasch aufgelöst, Eure wird sich auch bald auflösen.

So viele Minderheiten: Der Widerstand – Die alte Demokratie – Die Kommunisten.
Ich bin stolz, zu diesen Intellektuellen gehört zu haben. Menschen nach uns werden sich über uns beugen, um einen Klang zu hören, der sich vom Gewöhnlichen unterscheidet. Und dieser schwache Klang wird lauter.
Ich wollte kein Intellektueller sein, der stolz seine Worte abmißt. Ich hätte heimlich schreiben können (daran habe ich auch gedacht), in der freien Zone, im Ausland.
Nein, man muß seine Verantwortlichkeit annehmen, sich unsauberen Gruppen anschließen, das politische Gesetz anerkennen, das uns zwingt, verächtliche oder abstoßende Verbündete zu akzeptieren. Wir müssen unsere Füße beschmutzen, zumindest das, nicht aber unsere Hände. Und das ist es, was ich getan habe. Meine Füße sind schmutzig, aber meine Hände sind sauber.
Ich habe mich nicht in irgendwelche Aktivitäten in diesen Gruppen verwickeln lassen. Aber ich habe mich ihnen angeschlossen, damit Ihr heute über mich urteilen könnt, damit Ihr einen gemeinen, vulgären Urteilsspruch formulieren könnt. Urteilt also über mich, denn Ihr seid die Richter oder Schöffen.
Ich begebe mich in Eure Gnade. Aber ich bin sicher, Euch letztlich entkommen zu können. Ich bin sicher, daß ich zu gegebener Zeit, in weiter Zukunft, meinen Platz finden werde.
Aber, wenn die Zeit kommt, müßt Ihr gänzlich über mich urteilen.
Ihr werdet mir nicht entkommen, ich werde Euch nicht entkommen.
Bleibt dem Stolz der Resistance treu, so wie ich dem Stolz der Kollaborateure treu bleibe. Betrügt mich nicht mehr, als ich Euch betrüge. Verurteilt mich zum Tode.
Keine halbherzigen Maßstäbe, nicht jetzt. Obwohl dies einfach geworden ist und nun wieder schwierig wird. Erlaubt dieser ersten Fähigkeit nicht, zurückzukehren.

Ja, ich bin ein Verräter. Ja, ich habe mit dem Feind zusammengearbeitet. Ich habe dem Feind französische Intelligenz angeboten. Es ist nicht mein Fehler, daß dieser Feind nicht intelligent war.
Ja, ich bin kein ordentlicher Patriot, kein beschränkter Nationalist: ich bin ein Internationalist.
Ich bin nicht nur Franzose, ich bin Europäer.
Ihr seid auch Europäer, ob Ihr es wahrhaben wollt oder nicht. Aber wir haben gespielt, und ich habe verloren.
Ich verlange die Todesstrafe.

Sergej Jessenin Leb wohl, liebster Freund 1926

Leb wohl, liebster Freund, lebe wohl.
Du Lieber, an meiner Brust.
Die vorbestimmte Trennung
Verheißt ein Wiedersehn!

Auf Wiedersehn, mein Freund.
Ohne Handdruck und Abschiedswort.
Weine nicht, und mach kein trauriges Gesicht.
Sterben ist nicht neu auf dieser Welt.
Doch zum Leben find ich keine Kraft mehr ...

Adolfo Abramowitsch Joffe Brief an Leo Trotzki 1927

Mit Ihnen, lieber Lew Dawidowitsch, verbinden mich Jahrzehnte gemeinsamer Arbeit und, ich wage es zu hoffen, auch persönlicher Freundschaft. Das gibt mir das Recht, Ihnen zum Abschied zu sagen, war mir bei Ihnen als Fehler erscheint. Ich habe nie an der Richtigkeit des von Ihnen bezeichneten Weges gezweifelt, und Sie wissen, daß ich seit mehr als zwanzig Jahren mit Ihnen gehe, seit den Zeiten der »permanenten Revolution«. Aber ich war immer der Meinung, daß Ihnen die Leninsche Unbeugsamkeit und Unnachgiebigkeit fehlt, seine Bereitschaft, auf dem Wege, den er als richtig erkannt hat, wenn es sein muß, allein zu bleiben, in Voraussicht einer späteren Mehrheit, einer späteren allgemeinen Anerkennung der Richtigkeit dieses Weges. Sie waren politisch immer im Recht, seit dem Jahre 1905, und ich habe Ihnen wiederholt erklärt, daß ich mit meinen eigenen Ohren gehört habe, wie Lenin gestand, daß auch im Jahre 1905 nicht er, sondern Sie recht gehabt hätten. Vor dem Tode lügt man nicht, und ich wiederhole es Ihnen jetzt noch einmal ... Aber Sie haben häufig auf Ihr eigenes Recht verzichtet zugunsten eines von Ihnen überschätzten Abkommens, eines Kompromisses. Das ist ein Fehler. Ich wiederhole, politisch haben Sie immer recht gehabt, und jetzt haben Sie mehr recht als je. Einmal wird die Partei es einsehen, und auch die Geschichte wird es unbedingt anerkennen. So haben Sie denn keine Angst, wenn jemand von Ihnen abrücken sollte, und noch weniger, wenn nicht viele so schnell, wie wir es alle wünschen, zu Ihnen kommen. Sie haben recht, aber Bürgschaft für den Sieg Ihres Rechtes ist die äußerste Unnachgiebigkeit, die strengste Geradlinigkeit, die restlose Ablehnung jeglicher Kompromisse genau so, wie darin gerade stets das Geheimnis der Siege Iljitschs lag. Dies wollte ich Ihnen viele Male sagen, aber erst jetzt habe ich mich dazu entschlossen, zum Abschied.

Sylvia Zimmermann — Ich zünd mich an ... — 1980

Eigentlich bin ich noch gar nicht geboren ... nein, ich bin eine Frühgeburt. Ich habe es bei meiner Mutter drin einfach nicht ausgehalten, schon als Baby habe ich gespürt, daß man mich nicht haben wollte. Sie haben mich dann in einen

Kasten gelegt, eine Maschine. Dadrinnen hatte ich schön warm. So einen Kasten wünsche ich mir manchmal heute noch – oder einen Menschen für 24 Stunden am Tag, richtige Wärme ...

Sie überführten mich ins Säuglingsheim, für 14 Monate. Ich konnte mich damals noch nicht wehren – trotzdem streikte mein Körper und er streikt heute noch – ich bekam Asthma, welches mich bis zum heutigen Tag nicht verlassen will ...

Mit fünf Jahren kam ich dann in ein Kinderheim in Zürich. Warum ich nicht in der Pflegefamilie bleiben konnte? Vielleicht weil ich mich zu sehr mit ihrem Sohn gestritten habe – oder weil ich zu oft Asthmaanfälle hatte – oder aber weil ich sowieso schon damals asozial war, bzw. asozial gemacht wurde. Die Gefangenschaft in diesem Heim dauerte bis 12 J., dann kam ich in die Arbeitserziehung bis 15.

Mit 15 wollten sie mich los sein – weil andere in dem Heim von mir schlecht beeinflußt worden sind, bestimmt aber, weil ich zu oft auf Kurve war ...

Ich lese viel. Früher habe ich viel geschrieben, gezeichnet und auch Bilder gemacht. Ich möchte wieder einen Raum für mich, für meine Sachen ...

Manchmal merke ich, daß mich jemand wirklich mag. Aber ich habe Angst vor der Enttäuschung. Ich brenne mir manchmal mit der Zigi Löcher in die Arme, noch während einem Gespräch. Es tut gar nicht weh – ich kann dazu sogar lächeln. Es tut jedenfalls weniger weh als die Enttäuschung ...

Mit zwanzig war meine Heimkarriere zu Ende. Ich habe darauf zwei Jahre in einer Familie als Babysitter gearbeitet. Kinder bis sechs Jahre sind mir am liebsten. Sie sind ehrlich in ihren Gefühlen. Anfang 80 habe ich die Stelle und die Wohnung verloren ...

Am Toblerplatz wollten wir uns wieder treffen, da kamen die Bullen. Die warfen mich die 8 Stufen vor dem »Bankverein« hinunter und nachher wie Vieh in einen Gefängniswagen. Das Bein war gebrochen, die Sehne gerissen. Ich wurde

operiert – mit dem Gips kann ich nicht mehr auf die Demo – ich hab sowieso den Horror ...
Im AJZ fühlte ich mich wohl – ich konnte mit Leuten reden, es ging mir besser, bis im Juni. Ich war zu von den Medis, als die Bullen Tränengas ins Haus schmissen. Ich konnte nicht mehr atmen – mein Asthma. Ich glaubte zu ersticken. Ich dachte, jetzt ist es wirklich aus. Jemand hat mich dann hinausgetragen. Seitdem habe ich Horrorträume, auch am Tag. Ich kann nur noch bei Licht schlafen ...
Wenn ich's nicht mehr checke, wenn's für mich nicht mehr weitergeht, dann bring ich mich um. Ich zünd mich an, mit Benzin – auf dem Bellevue, damit alle sehen, wie beschissen es einem Menschen in dieser Gesellschaft gehen kann. Ich mach es wirklich – ich bin ehrlich.

Wladimir Majakowski Ich sterbe 1930

An alle

Ich sterbe, macht niemanden dafür verantwortlich, und
bitte kein Gerede. Der Verstorbene haßte das.
Mutter, Schwestern und Genossen, verzeiht – es ist keine
Art (ich empfehle es niemand), doch ich seh keinen Ausweg.
Lilja – liebe mich.
Genosse Regierung, meine Familie – das ist Lilja Brik,
meine Mutter, meine Schwestern und Veronika
Witoldowna Polonskaja.
Solltest du ihnen ein erträgliches Leben einrichten – danke.
Die unvollendeten Gedichte übergebe man den Briks,
sie werden damit fertig.
Wie man so sagt:
der Fall ist jetzt erledigt,
das Boot der Liebe
ist am Sein zerschellt.

Ich bin mit dem Leben quitt,
es ist nicht nötig,
daß man sich Not
und Qual
entgegenhält.
Den Hinterbliebenen Glück.
Wladimir Majakowski

Genossen von der WAPP, haltet mich nicht für kleinmütig.
Im Ernst – da ist nichts zu machen.
Gruß
Sagt Jermilow, es ist bedauerlich –
daß ich die Losung entfernt habe,
man hätte zu Ende streiten sollen. W.M.

In meinem Tisch liegen 2000 Rub. –
überweist sie an die Steuer.
Den Rest hebt beim GIS ab.
W.M.

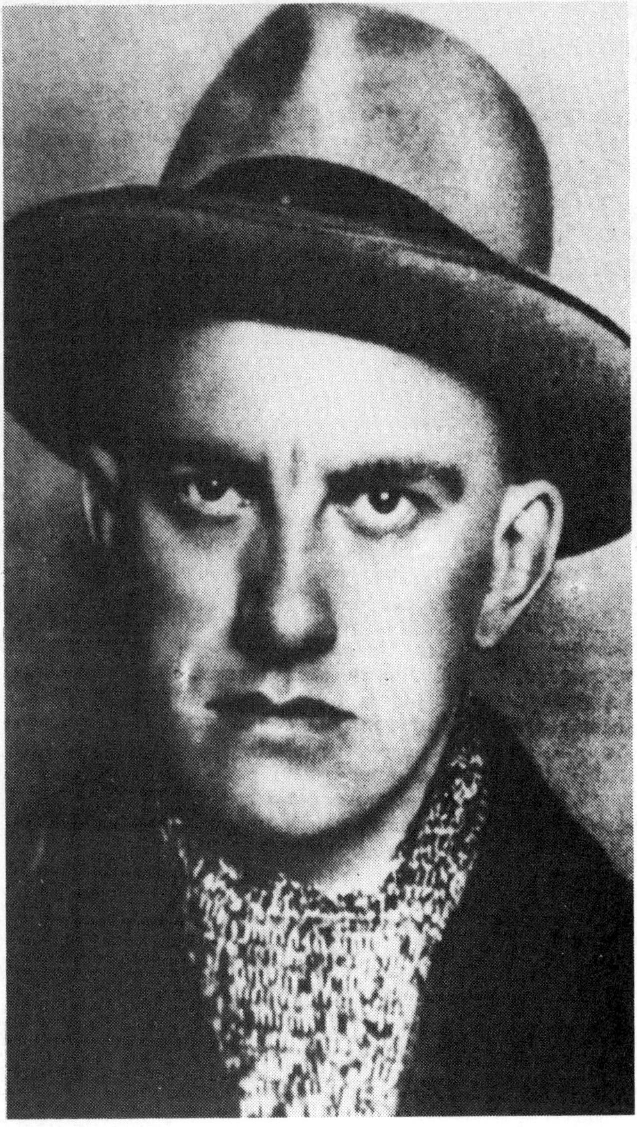

IX
Nachrufe

Marina Zwetajewa
Aus dem Zyklus »Für Majakowski« 1930

Der Schuß – gezielt in die Seele,
Als wäre sie ein Feind.
Der Heide zerfetzte die Kehle
Des letzten Götterheims.

Noch einmal brillierte er.
Ins Schwarze – und entschlief.
Also doch ein Herz,
Wenn drüber nichts mehr lief.

(Bei Treffen – Ausländerscherze:
»Teufel nochmal! Bombending!
So, haben die auch Herzen,
Und genau wie wir, links?«)

Der Schuß – gezielt ins Schwarze
Wie in ein Jahrmarktsbrett.
(Blessiert den Ohrenrand
Und dann die Frau ins Bett.)

Solch Schütze! Nicht daneben.
Und wenn frauenhalber – was machts.
Noch Helena, bei Licht besehen,
Geriet als Schlampe in Betracht.

Rainer Maria Rilke Requiem **1909**

Für Wolf von Kalckreuth

SAH ich dich wirklich nie? Mir ist das Herz
so schwer von dir wie von zu schwerem Anfang,
den man hinausschiebt. Daß ich dich begänne
zu sagen, Toter der du bist; du gerne,
du leidenschaftlich Toter. War das so
erleichternd, wie du meintest, oder war
das Nichtmehrleben doch noch weit vom Totsein?
Du wähntest, besser zu besitzen dort,
wo keiner Wert legt auf Besitz. Dir schien,
dort drüben wärst du innen in der Landschaft,
die wie ein Bild hier immer vor dir zuging,
und kämst von innen her in die Geliebte
und gingest hin durch alles, stark und schwingend.
O daß du nun die Täuschung nicht zu lang
nachtrügest deinem knabenhaften Irrtum.
Daß du, gelöst in einer Strömung Wehmut
und hingerissen, halb nur bei Bewußtsein,
in der Bewegung um die fernen Sterne
die Freude fändest, die du von hier fort
verlegt hast in das Totsein deiner Träume.
Wie nahe warst du, Lieber, hier an ihr.
Wie war sie hier zuhaus, die, die du meintest,
die ernste Freude deiner strengen Sehnsucht.
Wenn du, enttäuscht von Glücklichsein und Unglück,
dich in dich wühltest und mit einer Einsicht
mühsam heraufkamst, unter dem Gewicht
beinah zerbrechend deines dunkeln Fundes:
da trugst du sie, sie, die du nicht erkannt hast,
die Freude trugst du, deines kleinen Heilands
Last trugst du durch dein Blut und holtest über.
Was hast du nicht gewartet, daß die Schwere
ganz unerträglich wird: da schlägt sie um
und ist so schwer, weil sie so echt ist. Siehst du,

dies war vielleicht dein nächster Augenblick;
er rückte sich vielleicht vor deiner Tür
den Kranz im Haar zurecht, da du sie zuwarfst.
O dieser Schlag, wie geht er durch das Weltall,
wenn irgendwo vom harten scharfen Zugwind
der Ungeduld ein Offenes ins Schloß fällt.
Wer kann beschwören, daß nicht in der Erde
ein Sprung sich hinzieht durch gesunde Samen;
wer hat erforscht, ob in gezähmten Tieren
nicht eine Lust zu töten geilig aufzuckt,
wenn dieser Ruck ein Blitzlicht in ihr Hirn wirft.
Wer kennt den Einfluß, der von unserm Handeln
hinüberspringt in eine nahe Spitze,
und wer begleitet ihn, wo alles leitet?
Daß du zerstört hast. Daß man dies von dir
wird sagen müssen bis in alle Zeiten.
Und wenn ein Held bevorsteht, der den Sinn,
den wir für das Gesicht der Dinge nehmen,
wie eine Maske abreißt und uns rasend
Gesichter aufdeckt, deren Augen längst
uns lautlos durch verstellte Löcher anschaun:
dies ist Gesicht und wird sich nicht verwandeln:
daß du zerstört hast. Blöcke lagen da,
und in der Luft um sie war schon der Rhythmus
von einem Bauwerk, kaum mehr zu verhalten;
du gingst herum und sahst nicht ihre Ordnung,
einer verdeckte dir den andern; jeder
schien dir zu wurzeln, wenn du im Vorbeigehn
an ihm versuchtest, ohne rechtes Zutraun,
daß du ihn hübest. Und du hobst sie alle
in der Verzweiflung, aber nur, um sie
zurückzuschleudern in den klaffen Steinbruch,
in den sie, ausgedehnt von deinem Herzen,
nicht mehr hineingehn. Hätte eine Frau
die leichte Hand gelegt auf dieses Zornes
noch zarten Anfang; wäre einer, der

beschäftigt war, im Innersten beschäftigt,
dir still begegnet, da du stumm hinausgingst,
die Tat zu tun –; ja hätte nur dein Weg
vorbeigeführt an einer wachen Werkstatt,
wo Männer hämmern, wo der Tag sich schlicht
verwirklicht; wär in deinem vollen Blick
nur so viel Raum gewesen, daß das Abbild
von einem Käfer, der sich müht, hineinging:
du hättest jäh bei einem hellen Einsehn
die Schrift gelesen, deren Zeichen du
seit deiner Kindheit langsam in dich eingrubst,
von Zeit zu Zeit versuchend, ob ein Satz
dabei sich bilde: ach, er schien dir sinnlos.
Ich weiß; ich weiß: du lagst davor und griffst
die Rillen ab, wie man auf einem Grabstein
die Inschrift abfühlt. Was dir irgend licht
zu brennen schien, das hieltest du als Leuchte
vor diese Zeile; doch die Flamme losch,
eh du begriffst, vielleicht von deinem Atem,
vielleicht vom Zittern deiner Hand, vielleicht
auch ganz von selbst, wie Flammen manchmal ausgehn.
Du lasest's nie. Wir aber wagen nicht
zu lesen durch den Schmerz und aus der Ferne.

Nur den Gedichten sehn wir zu, die noch
über die Neigung deines Fühlens abwärts
die Worte tragen, die du wähltest. Nein,
nicht alle wähltest du; oft war ein Anfang
dir auferlegt als Ganzes, den du nachsprachst
wie einen Auftrag. Und er schien dir traurig.
Ach, hättest du ihn nie von dir gehört.
Dein Engel lautet jetzt noch und betont
denselben Wortlaut anders, und mir bricht
der Jubel aus bei seiner Art zu sagen,
der Jubel über dich: denn dies war dein:
daß jedes Liebe wieder von dir abfiel,

daß du im Sehendwerden den Verzicht
erkannt hast und im Tode deinen Fortschritt.
Dieses war dein, du, Künstler; diese drei
offenen Formen. Sieh, hier ist der Ausguß
der ersten: Raum um dein Gefühl; und da
aus jener zweiten schlag ich dir das Anschaun,
das nichts begehrt, des großen Künstlers Anschaun;
und in der dritten, die du selbst zu früh
zerbrochen hast, da kaum der erste Schuß
bebender Speise aus des Herzens Weißglut
hineinfuhr –, war ein Tod von guter Arbeit
vertieft gebildet, jener eigne Tod,
der uns so nötig hat, weil wir ihn leben,
und dem wir nirgends näher sind als hier.
Dies alles war dein Gut und deine Freundschaft;
du hast es oft geahnt; dann aber hat
das Hohle jener Formen dich geschreckt,
du griffst hinein und schöpftest Leere und
beklagtest dich. – O alter Fluch der Dichter,
die sich beklagen, wo sie sagen sollten,
die immer urteiln über ihr Gefühl,
statt es zu bilden; die noch immer meinen,
was traurig ist in ihnen oder froh,
das wüßten sie und dürftens im Gedicht
bedauern oder rühmen. Wie die Kranken
gebrauchen sie die Sprache voller Wehleid,
um zu beschreiben, wo es ihnen wehtut,
statt hart sich in die Worte zu verwandeln,
wie sich der Steinmetz einer Kathedrale
verbissen umsetzt in des Steines Gleichmut.
Dies war die Rettung. Hättest du nur einmal
gesehn, wie Schicksal in die Verse eingeht
und nicht zurückkommt, wie es drinnen Bild wird
und nichts als Bild, nicht anders als ein Ahnherr,
der dir im Rahmen, wenn du manchmal aufsiehst,
zu gleichen scheint und wieder nicht zu gleichen –:

du hättest ausgeharrt.

Doch dies ist kleinlich,
zu denken, was nicht war. Auch ist ein Schein
von Vorwurf im Vergleich, der dich nicht trifft.
Das, was geschieht, hat einen solchen Vorsprung
vor unserm Meinen, daß wirs niemals einholn
und nie erfahren, wie es wirklich aussah.
Sei nicht beschämt, wenn dich die Toten streifen,
die andern Toten, welche bis ans Ende
aushielten. (Was will Ende sagen?) Tausche
den Blick mit ihnen, ruhig, wie es Brauch ist,
und fürchte nicht, daß unser Trauern dich
seltsam belädt, so daß du ihnen auffällst.
Die großen Worte aus den Zeiten, da
Geschehn noch sichtbar war, sind nicht für uns.
Wer spricht von Siegen? Überstehn ist alles.

Ernst Toller Gefangener reicht dem Tod die Hand 1939

Erst spitzer Schrei der armen Kreatur,
Dann poltern Flüche durch die Gänge,
Sirenen singen die Alarmgesänge,
In allen Zellen tickt die Totenuhr.

Was trieb dich, Freund, dem Hein die Hand zu reichen?
Wimmern der Geschlagnen? Die geschluchzten
Hungerklagen?
Jahre, die wie Leichenratten unsern Leib zernagen?
Ruhelose Schritte, die zu unsern Häuptern schleichen?

Trieb dich der stumme Hohn der leidverfilzten Wände,
Der wie ein Nachtmahr unsre Brust bedrückt?
Wir wissens nicht. Wir wissen nur, daß Menschenhände

Ernst Toller
Festungsgefängniss Nieder-
Schönfeld
1919-1924.

Einander wehe tun. Daß keine Hilfe überbrückt
Die Ströme Ich und Du. Daß wir den Weg verlieren
Im Dunkel dieses Hauses. Daß wir frieren.

Biobibliografische Anmerkungen

Sternchen hinter dem Titel: Überschrift der Herausgeberin

Ryûnosuke Akutagawa (1892–1927)
Geboren in Tokio; als Junge kränklich und schwach, galt als hochsensibel. 1913–1916 Studium der englischen Literatur. 1915 veröffentlicht er seine Erzählung »Rashomon«, die ihn bekannt macht. Freundschaft mit dem Romancier Natsume Soseki, der ihn ermuntert, Nach-Dichtungen japanischer Legenden aus dem 12. und 13. Jahrhundert zu schreiben. Ab 1922 folgt Akutagawa einer Tendenz zum stärker autobiographisch geprägten Schreiben. Er ist der meistübersetzte japanische Schriftsteller. Am 24. 7. 1927 bringt er sich in Tokio um.
»Angst«* aus: Beoncheon Yu, Akutagawa. An Introduction, Detroit 1972.
Übersetzung: Anna Christina Schwarzpaul.

Jean Améry (Pseud. für Johannes Mayer 1912–1978)
Geboren in Wien, Studium der Literatur und Philosophie. Muß 1938 beim Einmarsch der Nazis in Wien nach Belgien fliehen; 1941–1943 Mitglied des belgischen Widerstands. 1943 wird er von der Gestapo verhaftet und nach Auschwitz, Buchenwald und Bergen-Belsen verschleppt. Ab 1945 lebt er als freier Schriftsteller in Brüssel. 1978 stirbt er in einem Salzburger Hotel an einer Überdosis Schlaftabletten.
Jenseits von Schuld und Sühne, 1966. *Unmeisterliche Wanderjahre*, 1971. *Hand an sich legen*, 1976.
»Der Suizidant«* aus: Hand an sich legen, Diskurs über den Freitod, Stuttgart 1976.

Konrad Bayer (1932–1965)
Geboren in Wien. Als Schüler Mitglied eines Künstlerklubs »Genie und Irrsinn«. Will Maler werden, erhält auf Wunsch seiner Eltern jedoch eine kaufmännische Ausbildung und arbeitet in einer Bank. Nebenbei spielt er Musik in Clubs und Bars, leitet eine Galerie und tritt in Filmen auf. Gehört zur »Wiener Gruppe« um Artmann, Rühm, Fuchs, die ihn fördern und ermutigen. Publiziert ab 1955; ab 1957 kann er vom Schreiben und anderen künstlerischen Tätigkeiten leben und kündigt seine Stellung in der Bank. Am 10. 10. 1965 tötet er sich mit Gas.
»nachtrag« aus: Das Gesamtwerk, herausgegeben von Gerhard Rühm, Reinbeck b. Hamburg 1977.

Walter Benjamin (1892–1940)
Geboren in Berlin. Studiert vor allem Philosophie in Berlin, Freiburg und Bern; 1919 Promotion. Sein Versuch, sich zu habilitieren, scheitert 1920 an einer Institutsintrige. Ab 1920 freier Schriftsteller in Berlin. Autor bedeutender literaturtheoretischer, geschichtsphilosophischer und essayistischer Arbeiten. 1933 Emigration nach Frankreich, dort

Mitarbeiter des ebenfalls exilierten »Instituts für Sozialforschung«, das ihn für eine Weile finanziert. 1940 flieht er vor den deutschen Truppen nach Südfrankreich, wird von der französischen Polizei festgesetzt und tötet sich aus Angst vor der Auslieferung an seine Landsleute.
»Zum Freitod des Flüchtlings W. B.« aus: Bert Brecht, Gesammelte Werke, Band 6, Frankfurt 1967.

Edme Theodore Bourg (1785–1852)
Geboren in Paris. Arbeitet im Kriegskommissariat, schreibt vor allem für Zeitschriften, historische Lexika und gibt selbst ein Lexikon des Strafrechts heraus. Er attackiert die restaurativen Tendenzen im Frankreich unter Chateaubriand. Gilt als »depressiv«. Nach 1830 entschiedener Gegner der Juli-Monarchie. 1852 erhängt er sich in Paris.
»Letzte Aufzeichnungen, meinen Kindern zu übergeben« aus: Kurt Hirschfeld (Hg.), Abschiede, Zürich 1943.

René Crevel (1900–1935)
Geboren in Paris. Kindheit in stickigem bürgerlichen Milieu, mit dem er sich scharf auseinandersetzt. Gehört der surrealistischen Gruppe um Breton und Iwan Goll an, schreibt Gedichte und Romane, betreibt kunstkritische Studien. Parteiloser fellow traveller der marxistischen Antifaschisten. Tuberkulose zwingt ihm lange Aufenthalte in Sanatorien auf. Während des Antifaschistischen Schriftstellerkongresses in Paris 1935 nimmt er sich das Leben.
Der schwierige Tod, 1926 (1966 dtsch.). *Paul Klee*, 1930. *Babylon*, 1927 (1969 dtsch.).
»Antwort auf eine Umfrage« in: La Revolution Surréaliste, No. 2, 15. 1. 1925, Enquête sur le Suicide.
Übersetzung: Marie Luise Knott.

Unbekannte Dragoner
aus: C. A. Diez, Der Selbstmord, seine Ursachen und Arten, o. O. o. J.

Pierre Drieu la Rochelle (1893–1945)
Studium der Staatswissenschaften. Zunächst auf der Linken engagiert, begeistert er sich im 1. Weltkrieg für die Deutschen, die er als stark und sieghaft imaginiert. Veröffentlichungen in der »Nouvelle Revue Francaise«. Desillusioniert von der Linken, von der Oktoberrevolution, den Surrealisten, die »Dekadenz« des Westens verachtend, wendet er sich einem heroisch-männlichen Faschismus zu und begrüßt 1940 den Einmarsch der Deutschen in Paris. Während der Besatzung ist er Direktor der »Nouvelle Revue Francaise«. Nach einem mißglückten Selbstmordversuch im April 1944 taucht er unter: sein Leben als Kollaborateur ist gefährdet. Im März 1945 nimmt er sich das Leben.
»Ich, der Intellektuelle« aus: Secret Journal . . ., Cambridge 1973
Übersetzung: Anna Christina Schwarzpaul.

Elisabeth und Henry van Dusen (1897–1950)
Henry P. van Dusen wurde in Philadelphia geboren. Theologiestudium,

Lehrtätigkeit an verschiedenen amerikanischen Universitäten. 1924 wird er presbyterianischer Priester. 1931 heiratet er Elisabeth van Dusen. Autor vieler theologischer Werke, Herausgeber einer Zeitschrift: »Christianity and Crisis, Christendom«. Gemeinsamer Freitod mit Ehefrau Elisabeth im Februar 1950.
»An alle Freunde und Verwandte« aus: Linnea Pearson with Ruth Purtilo (ed.), Seperate Paths. Why People end their Lifes, San Francisco 1977.
Übersetzung: Anna Christina Schwarzpaul.

Carl Einstein (1885–1940)
Geboren in Neuwied als Sohn eines Lehrers am israelischen Landesstift. Gymnasium in Karlsruhe, ab 1904 Studium der Kunstgeschichte in Berlin. Seit 1907 häufige kurze Aufenthalte in Paris: Begegnung mit Picasso, Gris und Braque. Im Ersten Weltkrieg Soldat, u. a. in Brüssel. Freundschaftliche Kontakte zu Benn, Sternheim, Flake, Grosz, Blei. Mitglied des Brüsseler Soldatenrates. Nach dem Krieg kehrt Einstein nach Berlin zurück, wo er zusammen mit George Grosz die Zeitschrift »Der blutige Ernst« herausgibt. 1928 übersiedelt er nach Paris, wo er mit Bataille, dem Kunsthändler Wildenstein und G.-H. Rivière die Zeitschrift »Documents. Doctrines, Archeologie, Beaux Arts« herausgibt. 1936 geht Einstein nach Spanien und kämpft auf republikanischer Seite unter Durruti. 1940 wird er in Paris verhaftet und in ein Sammellager in Südfrankreich gebracht. Nach seiner Entlassung ist ihm der Fluchtweg über die Pyrenäen versperrt, weil er als Spanienkämpfer nicht nach Spanien darf. Am 5. 7. 1940 findet man ihn im Gave de Pau mit durchschnittenen Pulsadern.
Negerplastik, 1915. *Die Kunst des 20. Jhdts.* (Herausgabe d. 16. Bandes der Propyläen-Kunstgeschichte), 1926. *Der unentwegte Platoniker*, 1918.
»Tagebuch«* aus: Sibylle Penkert, Carl Einstein. Beiträge zu einer Monographie, Göttingen 1969.

Sigmund Freud (1856–1939)
Geboren in Freiburg, Mähren; Vater Textilkaufmann. Im Alter von vier Jahren geht Freud mit seiner Familie nach Wien. Ab 1873 Studium der Medizin, Examen 1882, 1885 Habilitation in Neuropathologie. Im gleichen Jahr geht Freud nach Paris und arbeitet bei Charcot in der Neurologie. 1892–1895 Entwicklung der psychoanalytischen Methode. 1898 Beginn der Traumdeutung. Ab 1902 Professor in Wien. Adler, Stekel, Reitler und Freud treffen sich einmal wöchentlich, daraus entsteht 1908 die »Wiener Psychoanalytische Vereinigung«. Seit 1923 weiß Freud, daß er krebskrank ist. 1938 Emigration nach London. Am 21. September 1939 bittet Freud seinen Arzt, ihm beim Sterben zu helfen.
»Briefe an Marie Bonaparte«* aus: Max Schur, Freud Living and Dying, London 1972.
Übersetzung: Gabriele Dietze.

Bernhard Georg
Von Bernhard Georg ist nur bekannt, daß er sich umgebracht und 1800 in Königsberg das Buch »Vorbereitung eines Unglücklichen zum freiwilligen Tod« veröffentlicht hat.

Charlotte Perkins Gilman (1860–1935)
Geboren in Hartford, Connecticut. Der Vater verläßt die Familie früh und stürzt sie in Armut. Nach dem Schulabschluß ist Charlotte Perkins gezwungen, als Lehrerin zu arbeiten: sie gibt Kunstunterricht in Providence. 1884 heiratet sie Charles W. Stetson, einen Künstler. In dieser Ehe leidet sie unter Depressionen, Unzufriedenheit, erleidet Zusammenbrüche, ist häufig krank, bis sie sich 1888 von ihrem Mann trennt und zum Entsetzen aller die gemeinsame Tochter bei ihm läßt. Ab 1890 tritt Charlotte Perkins als Autorin, Dozentin und Sozialreformerin öffentlich in Erscheinung. Sie bereist ganz Amerika mit Vortragsreisen, kämpft für die Sache der Frauen und gegen Unterdrückung. 1900 heiratet sie ihren Cousin George Gilman, einen sieben Jahre jüngeren Anwalt aus New York, der 1934 stirbt. 1932 erfährt sie, daß sie Brustkrebs hat und beginnt Chloroform zu sammeln. Am 17. 8. 1935 bringt sie sich ums Leben.
»Das einfachste menschliche Recht«* aus: Linnea Pearson with Ruth Purtilo (ed.), Seperate Paths, a. a. O.
Übersetzung: Anna Christina Schwarzpaul.

Reinhard Goering (1887–1936)
Geboren in Schloß Bieberstein b. Fulda. Ab 1905 Medizinstudium in Jena, Berlin, München. 1914 Notexamen, für kurze Zeit Militärarzt. Ausbruch einer Tuberkulose; die Kriegsjahre verbringt er in Sanatorien in Davos. 1912 veröffentlicht er seine ersten Gedichte; im gleichen Jahr heiratet er eine russisch-jüdische Malerin. Nach dem Krieg versucht er, als Arzt zu arbeiten. Das gelingt ihm auch dann nicht, als er 1926 promoviert und als Nervenarzt tätig sein will. 1923 wird er vom Braunschweiger Ärztekollegium in eine psychiatrische Anstalt eingewiesen, zur »Beobachtung«, weil sein exzentrisches Verhalten mißfallen hat. Nach sechs Wochen gelingt es ihm mit Hilfe von Freunden, entlassen zu werden. 1933 erfährt er von einem Darmleiden, bei dem er Krebs vermutet. Nach längerer Abwesenheit findet man ihn in Bucha bei Jena mit geöffneten Pulsadern. Die Obduktion ergibt, daß er sich eine tödliche Dosis Gift injiziert hat.
Seeschlacht (Drama) 1917. *Der Zweite* (Drama) 1919.
»Das war nicht mein Stern«* aus: Jung Schuk, Roman, in: Reinhard Goering, Prosa Dramen Verse, München 1961.

Benjamin Robert Haydon (1786–1846)
Geboren in Plymouth. Bekannt vor allem als Historienmaler; heute erinnert man sich mehr an seine Tagebücher und an seine Autobiographie, in der er über Kunst, Literatur und Politik seiner Zeit berichtet.

Obwohl er mit seinen Bildern Geld genug verdient, kommt er mit seiner großen Familie aus den Schulden nicht heraus. Erster Bankrott 1823. 1846 sieht er keinen Ausweg mehr aus seinen Schulden und bringt sich um.

»Tagebuch 1846«* aus: The Diary of Benjamin Robert Haydon, hg. von William Bissel Pope, Cambridge/Massachusetts 1963.

Übersetzung: Anna Christina Schwarzpaul.

Sergej Jessenin (1895–1926)

Geboren in einem kleinen russischen Dorf. Mit dreizehn beginnt er Gedichte zu schreiben, geht als junger Mann nach Moskau, wo er als Setzer arbeitet. 1915 Reise nach Petersburg zu Alexander Blok, der seine Gedichte enthusiastisch aufnimmt. Jessenin wird schnell populär; 1918 Mitglied im »Kreis der Imaginisten«. 1921 heiratet er die Tänzerin Isodora Duncan. Sie fahren gemeinsam nach Europa und in die USA; wieder zurück in Moskau, gilt er als dekadent. Seine wechselnden Frauenbeziehungen, sein Alkoholkonsum, seine Bohemien-Lebensweise machen ihn suspekt. Am 29. 12. 1926 schneidet sich Jessenin in einem Hotelzimmer die Pulsadern auf und schreibt mit seinem Blut ein Gedicht an seine Freunde.

»Der schwarze Mann«* und »Leb wohl, liebster Freund«* aus: Wladimir Lindenberg (Hg.), Frühvollendete, München 1966.

Übersetzung: Wladimir Lindenberg.

Adolfo Abramowitsch Joffe (1883–1927)

Geboren in Sinferopol (Krim) als Sohn wohlhabender Kaufleute. Wegen politischer Betätigung darf er nach dem Gymnasium nicht in Rußland studieren; Studium der Medizin in Berlin. 1905 zurück in Rußland, unterstützt er kleine regionale Revolten, Beteiligung an der Flottenrevolte. Muß wieder ins Exil, wird 1906 aus Deutschland ausgewiesen, geht zurück nach Rußland, muß wieder emigrieren, diesmal nach Zürich, wo er Jura studiert. 1907/08 wieder in Rußland politisch aktiv, dann Emigration nach Wien, wo er Trotzkis »Prawda« finanziell unterstützt. Bei einem neuen heimlichen Aufenthalt in Rußland wird er verhaftet und zu Zwangsarbeit verurteilt. Aus dem Lager flieht Joffe, Teilnahme an der Oktoberrevolution 1917. Als enger Freund Trotzkis gehört er nach der Revolution zu den herausragenden sowjetischen Diplomaten: er unterzeichnet in Brest-Litowsk den Friedensvertrag mit Deutschland, ist russischer Botschafter in Berlin, unterstützt die deutsche November-Revolution 1918. 1924 Diplomat in London, außerordentlicher Botschafter in Japan und China. Erkrankt an Polyneuritis, die ihn jahrelang quält. 1927 erschießt sich Joffe. Er hinterläßt einen Abschiedsbrief: sein politisches Testament an Trotzki.

»Brief an Leo Trotzki«* aus: Kurt Hirschfeld (Hg.), Abschiede, a. a. O.

Attila József (1905–1937)
Geboren in Budapest als Arbeitersohn. Früh verwaist, arbeitet er als Zeitungsverkäufer, Schweinehirt, Schiffsjunge. Besucht später das Lehrerseminar. Versucht, sich in Paris niederzulassen, wo er Lenins Schriften und avantgardistisches Theater kennenlernt. Er wird Kommunist, kehrt nach Ungarn zurück, lebt dort in großer Armut. 1937 wirft er sich vor einen Zug.
»Vielleicht werde ich plötzlich verschwinden« aus: Gedichte, übersetzt von Stephan Hermlin, Berlin (DDR) 1960.
Für diesen Hinweis danke ich herzlich György Dalos.

Wolf von Kalckreuth (1885–1919)
Geboren in Weimar als Sohn des Malers Leopold von Kalckreuth. Übersetzt Verlaine und Baudelaire »Die Blumen des Bösen«; einen eigenen Gedichtband veröffentlicht er 1908. Eng mit Rilke befreundet. Selbstmord 1919 als Rekrut.
»Requiem« aus: Rainer Maria Rilke, Gesammelte Werke, Band II, Leipzig o. J.

Hugo Kersten (1892–1919)
Geboren in Danzig. Ab 1912 gehört er dem Kreis um die Zeitschrift »Die Aktion« an, für die er regelmäßig schreibt, meistens als »Glossen« bezeichnete Gedichte. 1914 verweigert er den Kriegsdienst und geht in die Schweiz. Dort gründet er mit Emil Szittya die expressionistisch-dadaistische Zeitschrift »Mistral«. 1915 heiratet er und kehrt im Juni des gleichen Jahres nach Berlin zurück. Wegen Drogensucht wird er nicht zum Wehrdienst eingezogen. Er unterstützt die Novemberrevolution, verehrt Luxemburg und Liebknecht. Am 5. 10. 1919 nimmt er sich das Leben mit einer Überdosis Morphium.
»Wir sind die Namenlosen« in: Michael Stark (Hg.), Impertinenter Expressionismus, Stuttgart 1980.

Heinrich von Kleist (1777–1811)
Geboren in Frankfurt/Oder. Sohn einer alten Offiziersfamilie; mit fünfzehn Eintritt in das Potsdamer Garderegiment, mit dem er bei der Belagerung von Mainz gegen die französische Republik kämpft. 1799 quittiert er den Dienst, studiert in Frankfurt/O. Philosophie, Physik, Mathematik und Kameralistik. 1800 bricht er das Studium ab, geht erst nach Paris und versucht dann, in der Schweiz als Landwirt zu leben. Ab 1802/03 Bekanntschaft mit Goethe, Schiller und Wieland. Kleist will die größte Tragödie aller Zeiten schreiben, bricht darüber zusammen; nach mehreren neuen Versuchen, eine geeignete Lebensform zu finden, wird er 1805 Angestellter der Kriegs- und Domänenkammer in Königsberg. Nachdem er auch dieses Amt aufgegeben hat, wird er auf der Reise nach Berlin als Spion verhaftet und verbringt mehrere Monate im Gefängnis. Die nächsten Jahre sind, ähnlich wie sein ganzes Leben, charakterisiert durch den immer vergeblicher werdenden Versuch, politisch und litera-

risch wirksam zu sein. 1811 nimmt er sich gemeinsam mit Henriette Vogel am Wannsee in Berlin das Leben.
»An Ulrike von Kleist«, »An Frau v. Müller« aus: Heinrich von Kleist, Sämtliche Werke und Briefe in 8 Bänden, herausgegeben von Helmuth Sembdner, Bd. 8, München 1969.

Jochen Klepper (1903–1942)
Ursprünglich evangelischer Theologe, dann Journalist in Breslau und Berlin, Arbeit beim Funk. Freund von Reinhold Schneider, Mitarbeiter von »Das Innere Reich« (konservative Kulturzeitschrift im Dritten Reich, zählt zur sog. »inneren Emigration«). Klepper selbst empfand schon 1933 seine Existenz im Dritten Reich als »Emigrantentum«, versuchte aber erst 1942 zusammen mit seiner jüdischen Frau und deren Tochter die Ausreise. Seine historischen Romane genossen große Popularität; sein Buch über den Preußenkönig Wilhelm I. wurde vom »Völkischen Beobachter« wohlwollend rezensiert. 1942 beging er mit Frau und Stieftochter Selbstmord, weil die Ausreise nach Schweden nicht genehmigt wurde.
»Tagebuch 1942«* aus: Unter dem Schatten Deiner Flügel. Aus den Tagebüchern der Jahre 1932–1942 von Jochen Klepper, herausgegeben von Hildegard Klepper, Stuttgart 1956.

Hertha Kräftner (1928–1951)
Als Tochter eines Kaufmanns in Wien geboren; die Familie zieht 1936 nach Mattersburg im Burgenland. 1946 Abitur, erste Gedichte. Später geht Hertha Kräftner nach Wien, lebt bei Großmutter und Tante und studiert Anglistik und Germanistik, ab 1948 auch Psychologie und Psychiatrie. 1950 Reise nach Paris, die sie sehr beeindruckt. Sparsame, aber mit viel Aufmerksamkeit verfolgte Publikationen von Gedichten. Am 13. 11. 1951 nimmt sie sich mit Schlafmitteln das Leben.
»Wenn ich mich getötet haben werde« und »Tagebuch«* aus: Hertha Kräftner, Das blaue Licht. Lyrik und Prosa, herausgegeben von Otto Breicha und Andreas Okopenko, Darmstadt und Neuwied 1981 (SL 334).

Paul Lafargue (1842–1911)
Geboren als Kolonialfranzose in Santiago de Cuba. 1865 lernt er Laura Marx (geb. 1845 in London) kennen, die zweite Tochter von Karl und Jenny Marx. Heirat 1868 in London. 1870 gehen beide nach Paris, aktiv in der französischen Arbeiterbewegung. Nach der Niederschlagung des Aufstandes der Kommune können sie gerade noch aus Paris entkommen, ehe die Preußen einmarschieren. Mit beiden Kindern fliehen sie nach Bordeaux; dort bekommt Laura ihr drittes Kind. Zwei Kinder sterben auf der Flucht über Spanien nach Portugal. Dort stirbt auch das dritte Kind. In den siebziger Jahren leben Laura und Paul Lafargue, unterstützt von Friedrich Engels, in London. 1881 kehren sie nach Frankreich zurück. Man vermutet, daß beide in der Nacht des 26. 11.

1911 gestorben sind. Von Paul Lafargue findet man einen Abschiedsbrief, nicht aber von Laura Lafargue.
»Testament« * aus: Supplement zu Paul Lafargue. Le Droit à la paresse, Paris 1976.
Übersetzung: Anna Christina Schwarzpaul.

Dieter Leisegang (1942–1973)
Geboren in Wiesbaden, Sohn eines Karthographen und Malers. Studium der Philosophie in Frankfurt. 1966 Tuberkuloseerkrankung und Lungenoperation. 1967 Wiederaufnahme des Studiums, Herausgeber einer Lyrikreihe. 1968–1971 Lehrbeauftragter für Ästhetik an der Werkkunstschule Offenbach. 1969 Promotion bei Theodor W. Adorno. 1971–73 Lehrbeauftragter für Geschichte der Philosophie an der Universität Frankfurt, Dozent für Philosophie in Johannesburg (Südafrika). Erschoß sich in Offenbach.
»Traum« aus: Lauter letzte Worte. Gedichte und Miniaturen, herausgegeben von Carl Corino, Frankfurt 1980.

Wladimir Majakowski (1893–1930)
Geboren in einem georgischen Dorf. Nach dem Tod des Vaters zieht die Familie 1906 nach Moskau, lebt dort in Armut. 1908 tritt Majakowski dem bolschewistischen Flügel der Sozialdemokratie bei; dreimal verhaftet. Besucht die moskauer Kunstakademie, schreibt Gedichte, die vom russischen Formalismus beeinflußt sind. Mit der Revolution 1917 gewinnt Majakowski Popularität und Ansehen. Ab 1918 Arbeit im Volkskommissariat für Bildungswesen. Ab 1922 zahlreiche Reisen nach Berlin, Paris, in die USA, nach Warschau, Prag, an die Côte d'Azur. Gegen Ende der zwanziger Jahre mehren sich Ablehnung und Feindschaft. Am 14. April 1930 erschießt sich Majakowski in seinem Arbeitszimmer in Moskau.
Tragödie, 1913 (dtsch. 1959). *Wolke in Hosen*, Gedicht, 1915 (dtsch. 1949). *Der Mensch*, Gedicht, 1917 (dtsch. 1949). *Linker Marsch*, 1918 (dtsch. 1959). *Die Wanze*, Drama, 1928 (dtsch. 1959).
»Ich sterbe« aus: Ich. Ein Selbstbildnis. Aus seinen Werken ausgewählt und übersetzt von Karl Dedecius, Frankfurt 1973.

Klaus Mann (1906–1949)
Als ältester Sohn Thomas Manns in München geboren. Publizierte schon früh Erzählungen, Theaterstücke, Reiseberichte; in der Weimarer Zeit fühlt er sich als Sprecher eines »Jüngsten Deutschland«, einer panerotisch, europäisch und ästhetizistisch orientierten deutschen »lost generation«. Drogenabhängig, in ständiger Geldverlegenheit, wegen seiner Auftritte und Publikationen als skandalgeübtes Großbürgersöhnchen bei Rechts und Links unbeliebt. 1933 Emigration. In Amsterdam gibt er die antifaschistisch-literarische Zeitschrift »Die Sammlung« heraus (1933–1935). Aufenthalte in Paris, Zürich, Prag, Budapest; Teilnah-

me an den Schriftstellerkongressen in Moskau (1934) und Paris (1935). Ab 1939 lebt Klaus Mann vor allem in den USA. In New York gibt er 1941/42 unter großen finanziellen Schwierigkeiten die Zeitschrift »Decision« heraus. 1942 tritt er in die amerikanische Armee ein, mit der er nach Europa zurückkehrt. Die Jahre nach 1945 sind geprägt von zahllosen Reisen, zunehmender Drogenabhängigkeit, Kampf gegen eine Stimmung in Deutschland, die für seinesgleichen keinen Raum läßt. Am 21. Mai 1949 nimmt er sich in seinem Hotelzimmer in Cannes das Leben.

»Nach so vielen Abschieden« * aus: Der Wendepunkt. Ein Lebensbericht, München 1976.

Johann Heinrich Merck (1741–1791)

Als Apothekersohn in Darmstadt geboren. Studium, Stellungen als Hofmeister, Sekretär und Reisebegleiter. Ab 1768 Kriegszahlmeister, 1774 Kriegsrat. Er gehört dem empfindsamen »Darmstädter Kreis« an, pflegt enge Freundschaft zu Herder, Goethe und Nicolai. Mitarbeiter bei den »Frankfurter Gelehrten Anzeigen« und dem »Teutschen Merkur«; bekannt für seine scharfsinnig-ironischen Kritiken. Im Alter setzt er sich in den Kopf, reich zu werden, übernimmt ein Invaliden- und Soldatenwaisenhaus mit einer Baumwollspinnerei und muß Bankrott anmelden. Trotz finanzieller Hilfe einiger Fürsten (von Goethe vermittelt), verarmt er. Merck glaubt seine Ehre zerstört und erschießt sich am 27. 6. 1791 in seinem darmstädter Studierzimmer.

»An Goethe« aus: Ausgewählte Werke und Briefe, hrsg. von A. Henkel und H. Kraft, Darmstadt 1968.

Cesare Pavese (1908–1950)

Geboren in Santo Stefano Belbo, Piemont. Wächst in Turin auf, Studium, Promotion über Walt Whitman, Lehrtätigkeit. Übersetzer aus dem Englischen und Amerikanischen: Sinclair Lewis, Melville, Dos Passos, Steinbeck, Gertrude Stein, Faulkner, Defoe, Joyce. Verbindungen zu antifaschistischen Gruppen, 1935 verhaftet und zu drei Jahren Verbannung verurteilt, von denen ihm zwei Jahre erlassen werden. Stark beeinflußt von amerikanischen Autoren und ihrem demokratischen Pathos, führt er Arbeiter als Helden in die Literatur ein, benutzt Umgangssprache und Slang, verarbeitet die Stadt – Land – Gegensätze in Romanen und Gedichten. 1945 tritt er in die Kommunistische Partei ein. Am 18. 8. 1950 beendet er sein »Selbstmörder-Leben«, indem er in einem turiner Hotelzimmer Schlaftabletten nimmt.

»Tagebuch 1950«* aus: Das Handwerk des Lebens. Tagebuch 1935–1950, aus dem Italienischen von Charlotte Birnbaum, Düsseldorf 1956.

Sylvia Plath (1932–1963)

Geboren in Boston als älteste Tochter österreichisch-amerikanischer Eltern. Schon als Studentin schreibt sie Gedichte und Geschichten; Preise für akademische Leistungen wie für ihre literarischen Versuche.

Einer dieser Preise, eine einmonatige Gastredaktion bei einer new yorker Modezeitschrift, endet mit monatelangen Depressionen, dem ersten Selbstmordversuch und langer psychiatrischer Behandlung (mit Elektroschocks). 1955 geht Sylvia Plath mit einem Fulbright-Stipendium nach Cambridge (England), lernt dort den Lyriker Ted Hughes kennen und heiratet ihn im Juni 1956. 1957 kehrt das Paar nach Amerika zurück. Leben als freie Schriftsteller in Boston. 1960 wieder nach England; dort kommt Sylvia Plaths erstes Kind zur Welt. Das zweite wird 1962 in Devon geboren. Im Sommer des gleichen Jahres verläßt Ted Hughes seine Familie. Am 14. Januar 1963 vergiftet sich Sylvia Plath mit Küchengas.
»Lady Lazarus« aus: Schreiben. The Art of Sylvia Plath, Nr. 7, Bremen 1979.
Übersetzung von Barbara Fiedler und Liz Shepley.

Jacques Rigaut (1899–1929)
Gehört dem Kreis der Surrealisten an; Freund von Breton und Drieu la Rochelle. Mehrere gescheiterte Selbstmordversuche. Erschießt sich am 5. 11. 1929 in New York.
»Posthumes Papier« aus: André Breton, Anthologie des Schwarzen Humors, München 1972.
Übersetzung: Rudolf Wittkopf.

Danielle Sarréra (1932–1949)
Von Danielle Sarréra gibt es keine biographischen Daten. Es ist nur bekannt, daß sie sich im Alter von 17 Jahren umgebracht hat. Man fand drei Schulhefte mit Notizen von ihr, die 1976 in Paris veröffentlicht wurden.
»Göttlich von Todes Gnaden«* aus: Arsenikblüten. Übersetzt von Rudolf Wittkopf, München 1978.

Anne Sexton (1928–1974)
Geboren in Boston. Schwierige Kindheit, Konflikte mit der Mutter, die auch schreibt, aber nie publiziert. Frühe Veröffentlichungen in Schülerzeitungen; dann bis 1956 Schreibpause, weil die Mutter eifersüchtig ist. 1948 Heirat mit Alfred Sexton. Zwei Kinder, Arbeit als Mannequin. Während der Ehe Depressionen, Anstaltsaufenthalte, Selbstmordversuche. Ein Arzt »verordnet« ihr Schreiben als Therapie. Schon mit ihrem ersten Buch »To Bedlam and Way Back« (1960) wird Anne Sexton bekannt. Vortragsreisen, Lehrtätigkeit an Universitäten, Tournee mit einer Rockband; neue Selbstmordversuche, Klinikaufenthalte; Alkoholkonsum. 1973 setzt sie gegen ihren Mann die Scheidung durch. 1974 nimmt sie sich das Leben.
»Sterben wollen« aus: The Death 'Notebooks, Boston 1974.
Übersetzung: Ursula Krechel.

Ernst Toller (1893–1939)
Geboren in Samoschin bei Posen als Kind einer deutsch-jüdischen

Kaufmannsfamilie. Jura-Studium in Grenoble; bei Kriegsbeginn 1914 meldet sich Toller freiwillig in München. Er wird verwundet, nimmt nach dem Krieg sein Studium in München und Heidelberg wieder auf, tritt der USPD ein, befreundet sich mit Kurt Eisner, wird Vorsitzender der Arbeiter- und Soldatenräte in München. Nach der Zerschlagung der Bayerischen Räterepublik 1919 wird er verhaftet und zu fünf Jahren Festungshaft verurteilt. In der Haft entstehen viele seiner Dramen. 1933 emigriert Toller über die Schweiz und England in die USA. Nach jahrelanger Schlaflosigkeit, eine Folge der langen Haftzeit, erhängt er sich in seinem New Yorker Hotelzimmer.
Masse Mensch, 1921. *Die Maschinenstürmer*, 1922. *Hoppla, wir leben*, 1927. *Eine Jugend in Deutschland* (Autobiogr.), 1933.
»Gefangener reicht dem Tod die Hand« aus: Ges. Werke in 5 Bdn., C. Hanser Verlag, München, © 1978 by Sidney Kaufmann.

Kurt Tucholsky (1890–1935)
Geboren in Berlin, Studium der Rechte in Berlin und Genf, 1914 Promotion, Soldat im Ersten Weltkrieg. Nach einem Bankvolontariat Arbeit als Journalist und Schriftsteller. Ab 1913 Mitarbeiter der »Schaubühne« (später »Weltbühne«), deren Herausgabe er nach Jacobsohns Tod übernimmt. Ab 1924 lebt Tucholsky hauptsächlich in Paris und Schweden, als Korrespondent und freier Schriftsteller. 1933 wird er von den Nazis ausgebürgert, seine Bücher werden verboten. Emigration nach Schweden. Die letzten Jahre seines Lebens sind gezeichnet von schmerzhafter Krankheit, Schlaflosigkeit und dem Verlust seiner Muttersprache. 1935 nimmt er Gift.
»Abschiedsbrief an Mary Gerold-Tucholsky«* aus: Ausgewählte Briefe 1913–1935, Reinbek b. Hamburg 1962.

Henriette Vogel (1777–1811)
Geboren in Berlin. Heiratet den preußischen Landrentenmeister Louis Vogel; erschießt sich mit Heinrich von Kleist 1811 am Wannsee in Berlin.
»An Ernst Friedrich von Peguilhen« aus: Kurt Hirschfeld (Hg.), Abschiede, a. a. O.

Alfred Wolfenstein (1883–1945)
Geboren in Halle. Jurastudium in Berlin, Promotion. Freier Schriftsteller in München und Berlin. 1934 Emigration nach Prag, dann nach Paris. Dort Mitarbeit im »Schutzverband Deutscher Schriftsteller«. Nach der Besetzung Frankreichs 1940 wird er von der Gestapo verhaftet. Nach der Entlassung jahrelang auf der Flucht durch Südfrankreich. Unter falschem Namen kehrt er schließlich nach Paris zurück. Die Befreiung erlebt er als schwer Herzkranker in einem kleinen Hotel. In einem Anfall schwerer Depression setzt er seinem Leben am 22. 1. 1945 ein Ende.
Die gottlosen Jahre, Gedichte, 1913. *Die Freundschaft*, Gedichte, 1917.

Der Lebendige, Novelle, 1918. *Die Nacht vor dem Beil*, Drama, 1927.
»Exodus 1940« aus: Verschollene und Vergessene: Alfred Wolfenstein, Einführung und Auswahl von Carl Mumm, Wiesbaden 1955.

Virginia Woolf (1882–1941)
Geboren in London als Tochter des berühmten viktorianischen Biographen Sir Leslie Stephen und seiner zweiten Frau. 1895 stirbt die Mutter, 1897 die Stiefschwester Stella, 1904 der Vater. Virginia Woolf und ihre Geschwister ziehen nach Bloomsbury, einem damals übelbeleumdeten Viertel Londons, und beginnen, in einer Art Gruppe zu leben, die später als »Bloomsbury Group« bekannt wird. 1912 heiratet sie Leonard Woolf. Vor und nach der Hochzeit ist sie krank, hat Migräne und Schlafstörungen. 1913 erscheint ihr erster Roman »The Voyage Out«. Behütet und bewacht von ihrem Mann, lebt sie teils in London, teils auf dem Land. Ab 1917 besitzen die Woolfs eine eigene Presse, die »Hogarth Press«, produzieren und drucken ihre eigenen und ihrer Freunde Bücher. Nach der Arbeit an »Zwischen den Akten« nimmt sich Virginia Woolf 1941 in Rodmell das Leben.
»Brief an Leonard Woolf«* aus: Quentin Bell, Virginia Woolf. Eine Biographie, aus dem Englischen von Arnold Fernberg, Frankfurt 1977.

Sylvia Zimmermann (1956–1980)
Ihrer Lebensgeschichte aus der Freitoderklärung ist nichts hinzuzufügen. Sylvia Zimmermann verbrennt sich am 12. Dezember 1980 auf dem Bellevue, einem zentralen Verkehrsknotenpunkt in Zürich. Seitdem werden jede Nacht von Züricher Jugendlichen Kerzen auf diesem Platz aufgestellt.
»Ich zünd mich an . . .« aus: die tageszeitung (taz), 17. 2. 1981.

Unica Zürn (1916–1970)
Geboren in Berlin. Verheiratet von 1942–49, zwei Kinder. Ab 1950 erste Veröffentlichungen. 1953 zusammen mit Hans Bellmer nach Paris. Sie beginnt zu zeichnen; Teilnahme an zahlreichen Ausstellungen, u. a. an der großen Surrealismusausstellung 1959. Ab 1962 häufiger Aufenthalt in psychiatrischen Kliniken. Im Oktober 1970 stürzt sie sich in Paris aus dem Fenster.
Dunkler Frühling, Roman, 1969. *Der Mann im Jasmin*, 1970 franz., 1977 dtsch. *Im Staub dieses Lebens*, Anagramme, 1980.
»Auf fremder Erde«* aus: Dunkler Frühling, Hamburg 1969.

Stefan Zweig (1881–1942)
Geboren in Wien als Sohn großbürgerlicher Eltern. Studium der Philosophie, Germanistik, Romanistik in Wien und Berlin, Promotion. Mehrere Weltreisen. Früh schon populär als Autor psychologisch-feinsinniger Erzählungen. Übersetzer von Verlaine und Baudelaire. Freundschaft mit Romain Rolland. 1928 Reise in die Sowjetunion. Ab 1934 London als zweiten Wohnsitz, 1939 Emigration. Ab 1940 Aufenthalt in den USA, ab 1941 in Brasilien. Verzweifelt über den Zustand

Europas bringt er sich gemeinsam mit seiner zweiten Frau am 23. 2. 1942 in der Nähe von Rio de Janeiro ums Leben.
»An Friderike Zweig«* aus: Briefe an Freunde. Herausgegeben von Richard Friedenthal, Frankfurt 1978.

Marina Zwetajewa (1892–1941)
Geboren in Moskau, Vater Professor für Kunstgeschichte, Mutter Konzertpianistin. 1908 fährt sie allein nach Paris; nach ihrer Rückkehr irritiert sie ihren Vater durch Extravaganzen so, daß er sie in einen dresdner Pastorenhaushalt zur Erziehung gibt. Mit 18 Jahren gibt sie ihre ersten Gedichte im Eigenverlag heraus. 1912 Heirat mit Sergej Efron, Sohn einer jüdischen Verlegerfamilie. Nach der Oktoberrevolution schließt er sich der Weißen Armee an. Marina Zwetajewa lebt bis 1922 mit zwei Kindern in Moskau. Dann beantragt sie die Ausreise, um ihren Mann wiederzusehen, und lebt, gefördert u. a. von Ilja Ehrenburg, zwei Jahre in Berlin. Dort veröffentlicht sie fünf Bücher. Nach kurzem Aufenthalt in Prag Übersiedlung nach Frankreich, dem Zentrum der russischen Emigration. 1939 Rückkehr nach Moskau. Dort erfährt sie, daß ihr Mann erschossen und ihre Tochter verbannt worden ist. Ihr Sohn fällt bei Kriegsbeginn als Soldat. Im gleichen Jahr wird sie vor den anrückenden deutschen Truppen aus Moskau evakuiert; in Jalugal (Tatarische Sowjetrepublik) erhängt sie sich am 31. 8. 1941.
»Eisenbahnzug« aus: Gedichte, Berlin 1938. Übersetzung: Christa Reinig.
»Für Majakowski« aus: Maßlos in einer Welt nach Maß, Berlin (DDR) 1980. Übersetzung: Rainer Kirsch.

Bildnachweis

Soweit nichts anderes angegeben, sind die Fotos den Textquellen entnommen.
Klaus Mann, Carl Einstein, Stefan Zweig, Henriette Vogel, Heinrich von Kleist, Laura Lafargue, Wladimir Majakowski, Ernst Toller: Bildarchiv Preußischer Kulturbesitz, Berlin.
Hertha Kräftner: Wortmühle, Burgenländische Literaturzeitschrift.
Walter Benjamin aus: W. Fuld, Walter Benjamin, München 1979.

Abdruck des Gedichts »Die Schüsse« (S. 7) mit freundlicher Genehmigung des Autors.